Petit inventaire
avant d'aimer

En couverture :
Photographie de Philippe Emanuely et Brigitte Labbé,
par Jean-Marie Périer.

Loin de Paris

10, rue des Arts – BP 38028
31080 Toulouse Cedex 6

ISBN : 978-2-7089-0257-2
Dépôt légal : janvier 2023

Philippe Emanuely
& Brigitte Labbé

Petit inventaire avant d'aimer

Loin de Paris

Leur premier échange avait été un fou rire. Au départ leurs regards s'étaient croisés devant une machine à café, puis chacun avait esquissé un sourire. Quand par erreur elle sélectionna une soupe à la tomate au lieu d'un double expresso, il se mit à rire.

Ce n'est plus la pause-café, c'est la pause-tomate. Il se moquait d'elle, elle se moquait d'elle-même. Le rire prit le dessus. Ils pleuraient à chaudes larmes, reprenaient leur respiration, hoquetaient. Et le rire repartait de plus belle sans raison.
Jusqu'à l'épuisement.

C'est promis, ils se reverraient. Ils voulaient rire encore.
Et peut-être quelque chose en plus.
Encore faudrait-il trouver les bons mots.

D'abord, le rire

C'est tellement bon de rire à deux.
Le plus étrange est que je ne sais pas pourquoi j'ai envie de rire avec toi.
Elle n'était pas tout à fait sincère. Son rire offrait — elle le sentait bien — une part de sa nudité.

À vingt ans, pas un jour ne s'écoule sans rire et puis avec le temps, le rire se fait plus rare. C'est un des souffles de la jeunesse qui passe, comme la vie. Passons, passons, puisque tout passe, je me retournerai souvent, écrit Apollinaire. En se retournant, on découvre que le rire du temps passé s'est mué en souvenir. L'expression en mouvement devient une capture d'instant muet. Ce n'est plus un rire et ce n'est pas tout à fait un sourire. C'est un sous-rire.

Le rire est une mesure du temps heureux. Le sous-rire, lui, prend la forme d'un souvenir nostalgique et devient la mémoire du rire. Là où le rire est un film délirant — le fou rire —, le sous-rire est une photographie ; d'où cette abondance de sous-rires dans la peinture et la sculpture, et cette absence du rire. Car le rire ne supporte aucun artifice, aucune retouche, aucune restauration. L'art peine à le restituer. Rembrandt a beau rire dans son autoportrait, on ne l'entend pas. Carpeaux, pour faire rire ses danseuses de l'Opéra, dut jeter sur leurs corps des seaux de peinture noire.

Le rire n'est pas aux ordres, il ne se commande pas. C'est sans doute qu'il n'est pas une affaire de civilisation, encore moins de création. Il est un marqueur de la liberté, c'est-à-dire de la spontanéité. En ce sens, Rabelais s'est peut-être trompé. Nous ne sommes pas les seuls à avoir cette liberté. Le rire n'est pas le propre de l'Homme, il a d'abord été le propre des Primates. Il nous a précédés. Sans lui, nous n'existerions peut-être pas. Il faudrait s'en souvenir et corriger Rabelais : il est l'origine de l'Homme. C'est pourquoi on devrait sérieusement s'inquiéter de ne plus rire, au même titre qu'on s'inquiète des marques du temps sur son visage.

Cesser de rire, c'est mourir un peu, c'est mourir vraiment. Ce qui est certain, c'est que le rire tourne court quand on est seul et que la solitude installe vite un silence sans éclat. Le rire est un feu de joie, et ses buches doivent être des êtres vivants : en un sens, il consomme des vies qui s'accordent à bruler ensemble.

Tout ce qui est vivant se consume alors à tout prix. Plus on est de fous, plus on rit. C'est pourquoi le feu est si vif dans nos premières années, pour s'éteindre ensuite avec le temps comme un tas de braises. Il suffit pourtant parfois de souffler à nouveau sur le foyer d'une personne endormie pour entendre à nouveau son rire. Il faut mourir de rire pour cesser de mourir à petit feu.

Fais-moi rire : qui n'a jamais entendu cette injonction, d'un ami ou de sa grand-mère ?

Fais-moi rire : donne-moi un peu de ton souffle et de ta vie.

Fais-moi rire : je serai folle de toi.

Le rire brasse l'air et redonne un peu d'oxygène à ceux qui en manquent. Il est l'un des flux vitaux qui nous transporte et nous libère. Il ne se contrôle pas et s'épuise à notre insu. Gogol nous dit : le rire est une grande chose, il n'enlève à personne ni la vie ni les biens. Il serait plus juste de dire : le rire est une grande chose, il donne la vie à toute personne, quels que soient ses biens.

Incapable d'en saisir le sens, nous en comprenons l'importance malgré nous : qu'est-ce que ça fait du bien ! Ce bien-là est comparable à celui d'un exercice physique ou d'une relation sexuelle. La performance en moins. L'explosion de rire est bien une forme de jouissance, d'acmé du corps. Quand il explose, un frisson de bien-être nous parcourt et notre corps se relâche jusqu'à pisser dedans ses brayes. Nous devenons alors malgré nous des incontinents de l'émotion, comme si nous laissions échapper de nous, à tout va, le fruit d'une récolte intérieure essentielle. Le rire devient alors une nourriture.

Nous sortons de notre propre corps. Nous lui faisons violence avec le meilleur de nous-même et, comme par miracle, le temps d'un rire partagé, nait dans le vide spatial d'un échange avec l'autre la fusion de deux âmes. Leur projection l'une contre l'autre se fait à la vitesse de la lumière. Le rire partagé devient alors notre big bang, un univers semble naitre sous nos yeux. Ce sont alors autant d'étoiles et de galaxies qui l'instant d'un éclat deviennent notre nouveau monde à vivre. C'est vrai que le rire nous vide et nous remplit : il est le symbole parfait de la matière et de l'antimatière. Il a une dimension physique.

Il nous vide de l'angoisse et de la pesanteur des préoccupations. Puis il nous remplit de la légèreté de l'insouciance et du bonheur, ne serait-ce que quelques secondes. C'est un ballon de baudruche qui se dégonfle pour se remplir d'air plus léger. Il est une respiration, une amorce de langage, une clé pour ouvrir la porte de la chambre. Le rire alors, parfois, devient sexuel.

Cet envahisseur de la conscience humaine sans frontières et sans barrières s'est imposé sur nos réseaux sociaux comme une ponctuation d'une nouvelle grammaire : il est *lol*. Abréviation de *laughing out loud*, l'expression anglaise de l'éclat de rire, *lol* a conquis le monde du langage comme aucun mot ne l'avait fait auparavant, à l'exception peut-être du mot *sexe*. Le rire est follement contagieux. Cette transformation est-elle une mutation mortelle et fatale ? Le vidant de son énergie physique et de sa spontanéité, *lol* détourne le rire et l'utilise comme un masque.

Il vient résoudre les tensions ou remplir le vide des échanges, et tente d'entretenir l'harmonie de rapports virtuels en jouant la comédie. Il est un signe au sens de *langage des signes*. Composé de deux traits et d'un rond, *lol* pourrait être un système de codage binaire comme il pourrait être deux sexes en érection ou un sexe féminin. Avec un peu d'imagination, on pourrait même en faire une représentation moderne de l'*Origine du monde*.

Tu me fais rire. J'ai envie de toi.
Internet est une cage ; le rire un oiseau.
Il finira toujours par s'envoler.

Libre

Ils n'étaient pas tout à fait libres.

Pour être libre, il est bon de regarder en soi avant de fixer les yeux d'un cadavre. C'est en contemplant ma propre souffrance que j'ai constaté à quel point elle reposait sur un manque de liberté vis-à-vis de moi-même et vis-à-vis des autres. C'est en regardant un cadavre que j'ai compris l'urgence d'être libre.

D'un côté, l'introspection, qui permet de faire l'inventaire de tout ce qui nous vole notre liberté — la comparaison, le narcissisme, les complexes, la frustration. Au cours de cette exploration, on découvre en soi, effaré, tous ces contrats que la conscience a noués pour nous à notre insu, et qu'il va falloir maintenant déchirer. L'élargissement de soi nécessite une force. Il ne se décrète pas comme la libération du prisonnier. Se libérer des soumissions assassines nécessite à la fois de soulever avec détermination et d'abattre avec sang-froid une hache sur toutes les formes d'entrave. Ses coups sont tour à tour le renoncement et la séparation, ouvrant la voie au meurtre ou au suicide.

De l'autre côté, le cadavre, lui, est utile car il donne une perspective. On peut être saisi d'horreur. Ce qui compte, c'est de pouvoir laisser place à la curiosité puis de se reconnaitre en lui : il y a un temps où c'est trop tard. Il n'y a pas de temps à perdre. C'est par le basculement du regard, de notre for intérieur vers nos cendres, que la liberté peut devenir une fenêtre. Pour laisser la fenêtre ouverte, l'introspection doit être permanente et l'échéance de la mort assumée.

Albert Camus nous a prévenus : on est véritablement libre quand on n'a plus peur de la mort.

Encore faut-il en avoir les moyens.

Encore faut-il comprendre les mathématiques et être sensible à la poésie, ces deux instruments de mesure de la liberté. Car la liberté additionne, soustrait, multiplie et vous divise. Elle n'est jamais une opération à somme nulle. Les mathématiques permettent d'anticiper les conséquences, de définir les risques et de mieux comprendre les enjeux de ses choix.

Mais les philosophes, en géomètres de la liberté, se heurtent avec leurs théorèmes au fait que la liberté est aussi une poésie.

Certes, ils nous éclairent sur nos pas comme sur nos chemins, mais leur lumière ne sera jamais celle du ciel. Seule la poésie est capable de nous porter aux nues. Être libre, c'est pouvoir voler. Celui qui « recommence sa vie avec un mot » est Paul Éluard, ce n'est pas Heidegger. Unir les mathématiques et la poésie, voilà bien la mission impossible. Et choisir l'un sans l'autre, c'est fracasser sa liberté. À moins de réussir à garder ses pieds sur terre pour hisser sa tête au-dessus des nuages.

Ce qui rend la liberté souvent inaccessible, c'est qu'elle est sans cesse ce grand écart entre la réalité et le rêve. Ses abducteurs sont le courage et le désir.

Il faut être courageux pour rester libre, et savoir faire le grand écart, ça peut faire mal. Car la liberté est cette dissociation de soi entre ce que les autres nous renvoient comme image, ce que nous voulons être et ce que nous sommes vraiment. Elle est une quatrième dimension.

Victor Brauner et Dada donnent mieux à voir et à sentir la liberté qu'Auguste Bartholdi et sa statue. La Dada danse, avec ses danseuses nues, nous éclaire plus que la torche factice de la statue verte.

En associant la liberté à sa mère, Bartholdi laisse peu d'espace au désir, quand André Breton, lui, nous rappelle dans son manifeste qu'« il faut être libre, écouter et satisfaire l'arrivée anarchique de ses désirs. La poésie apprend à atteindre cet état de totale liberté ».

La liberté reste une affaire de survie dans le temps et dans l'espace ; on a même envie de dire dans le temps et dans l'espèce.

C'est parce que la liberté totale menace l'espèce que la loi et la morale se sont mises sur son chemin. Tout ce qui nous protège nous enferme. Toute protection des espèces finit en zoo.

Certes nos cages ne sont pas toutes les mêmes et n'ont pas toujours les mêmes barreaux, mais elles menacent à chaque instant de nous enfermer.

La règle d'or : reconnaitre ces barreaux en les sciant joyeusement.

Le corps

Son corps tremblait.
Pourtant il ne faisait pas froid.
Je la serrais contre moi.
Le tremblement disparut.
Nos corps s'étaient tus, ils s'étaient reconnus.

Il y a deux façons de découvrir un corps : dans un grand miroir de salle de bain ou dans le regard d'un inconnu.

Ce que nous donne à observer le miroir ressemble fort à un relief accidenté. Ici c'est une arête trop saillante qui jette une ombre dans la vallée des larmes, là un pli ourlé qui tombe joliment sur la lisière d'un mont ou d'une bosse. Aucune lumière ne doit venir dépareiller l'ensemble, faute de quoi on ira se cacher. La honte est toujours en embuscade.

De ce reflet du miroir, en formes, dépend notre confiance en nous, notre capacité à séduire l'autre pour le mettre sous sa coupe ou dans ses bras. Le corps fort comme un roc sert notre puissance, quand par sa grâce, telle la neige de printemps, douce, blanche, et silencieuse, il attend un soleil pour le faire fondre.

Potentialité nichée dans sa singularité, le corps en devenir est ce *Violon d'Ingres* de Man Ray, qui tourne le dos à la lumière en attendant sa partition. Et à force de silence, ce corps qui respire seul finit peu à peu par sentir poindre en lui la vraie tension qui l'anime.

Pour s'élever il a besoin d'aimer ou de tuer. Se reproduire ou se nourrir.

Je te mangerai ou je te ferai l'amour. Telle est la petite musique du corps. Vient toujours un moment où il réclame à cor et à cri un autre corps. Sa survie est à ce prix : depuis la nuit des temps, l'homme affamé doit se nourrir et l'homme désœuvré doit se divertir. Longtemps son corps a été sa seule raison d'agir.

Manger, jouir, sinon mourir. Quand les hommes de Lascaux dessinent sur les parois de leur grotte un homme à tête d'oiseau en érection, gisant aux pieds d'un bison éviscéré, ils nous livrent déjà cette vision du corps : le corps doit lutter pour se nourrir et s'envoyer en l'air. Dans cette lutte pour l'essentiel, le corps ami s'est découvert corps ennemi, ouvrant la voie au viol et à l'anthropophagie.

Si l'homme renonce plus tard à être cannibale ou violeur, c'est parce que la conscience s'est emparée du corps et qu'il a soudain pris peur pour sa peau. Il a préféré s'en remettre aux dieux.

Mais cette mise à distance des tensions du corps n'a fait que justifier de nouvelles mises à mort. En remplaçant le viol et le cannibalisme par le sacrifice, l'homme a reproduit au nom d'un corps parfait et tout-puissant le droit sacré au meurtre, et inventé une forme d'amour déporté : l'amour divin. Les cannibales de Goya soudain s'inclinent devant le *Sacrifice d'Isaac* de Caravage. Quand Abraham s'apprête à sacrifier le corps de son fils pour répondre à l'appel de Dieu, aucune humanité, aucun sentiment personnel ne semble pouvoir troubler son geste. Son visage est calme, apaisé. Il est prêt à l'égorger car le meurtre est devenu sacré.

Aujourd'hui encore, quand des fanatiques mettent en scène une mise à mort, c'est au nom d'un dieu qu'ils décapitent les corps, et ces décollations ne sont pas différentes de celles exécutées au nom de la déesse Durga. Quand un fidèle communie en recevant l'hostie, ne cède-t-il pas encore et toujours à cette double inquiétude du corps, dans une nouvelle forme de célébration asexuée : se nourrir des autres et fusionner avec eux. On n'affame pas un corps, comme on ne le prive pas non plus éternellement d'une moitié. Un corps seul est un corps abandonné, un semi-corps, un corps perdu. La fusion, qu'elle soit intime ou intimée, propre ou digérée, traduit l'obsession du corps pour l'unité.

Pour aller vers l'autre, le corps respire et s'exprime. Mais cette expression le plus souvent vole au vent : c'est un regard, un son, une odeur. Autant de longueurs d'onde que nous laissons échapper avec leurs fréquences propres et leurs périodes, dans l'espoir secret de futures connexions ou d'atomes bien crochus. C'est sans compter que le corps nous trahit et qu'il n'est parfois pas ce que nous voudrions qu'il soit. C'est alors que nous cherchons une mise en scène. Au risque de mentir.

Comment manger à sa faim et séduire quand on a honte de son corps ?

On aimerait, comme Praxitèle avec *Apollon sauroctone*, pouvoir sculpter son corps.

Mais le corps est brut et nous ne disposons que de papier cadeau.

On aimerait corriger son corps comme on retouche une peinture, comme on glaise un modèle nu pour remodeler ses courbures.

Et soudain ce doute : en avons-nous les moyens ?

Et cette liberté : fuir ces incertitudes et prendre le large en reconnaissant, comme Spinoza : « Personne n'a jusqu'à présent déterminé ce que peut le corps. »

Et d'ajouter encore, comme Marcel Achard : « Malheureusement, mon corps n'en fait qu'à sa tête. »

Laissons-le, alors, ce corps, être une toile, un fruit, un vaisseau, que sais-je ?

Comme un tableau, le corps sera cette œuvre sans cesse retouchée par le temps, l'humeur et l'esprit, et qui donne à voir et à ressentir un sentiment, une émotion. De ce tableau naitront la joie, la peine, la colère, le désir, la peur, ou le plaisir. Peintres de nos songes, nous rêverons de ces pinceaux imaginaires qui sans cesse nous redessinent sous notre meilleur jour. Puis notre corps se métamorphosera en fruit. Comme une pomme, il se laissera cueillir, caresser puis se fera croquer. Enfin, trop mûr, il tombera à terre d'un coup et pourrira pour nourrir de nouveaux corps.

Entre-temps, il sera ce vaisseau qui nous emportera par-delà les courants du temps et les rivages de la vie. Il nous transportera de port en port avec ses escales en jouissance et en souffrance, et ces embruns nous saleront la peau pour mieux bruler la vie. Arrivés au terme de nos explorations, de nos combats et de toutes sortes de découvertes, nous nous briserons, le jour venu, sur un rocher.

Notre corps splendide finira toujours en naufragé.

La mort à claire-voie

Sa main s'approcha de la mienne puis l'agrippa fermement.
— J'ai peur que la mort nous sépare.
— La mort n'est pas ce que tu crois.

La mort est à la fois un horizon et un coucher de soleil. C'est pourquoi il faut imaginer la vie comme un rêve et la mort comme une sorte de réveil.

Se réveiller de la vie, c'est comme revenir avant sa naissance, au point de départ.

Naviguer, entre-temps, sans faire le point sur l'horizon, est hasardeux, car le chemin parcouru est plus important que la destination. Arriver à bon port vaut moins que de bien sentir les vagues.

Savoir taper son cul contre la vie pour sentir qu'on est bien là. D'ailleurs la vague signifiait autrefois ébranlement. L'essentiel est bien de s'ébranler. Celui qui ne s'ébranle pas, du corps, du cœur ou de l'esprit, est déjà mort : il n'est plus qu'un mort vivant.

Pour se laisser emporter par la vague, l'angoisse de la mort se travestit en conscience de la vie.

Tel le sextant du marin, qui pointe le zénith du soleil pour définir une position, notre conscience peut, en petit miroir, venir s'ajuster sans cesse sur le cœur de nos envies, tandis que le grand miroir doit fixer la mort.

Ce sont nos envies qui nous maintiennent en vie, tandis que la mort leur donne un sens, un cap.

La plus grande erreur de l'être humain est de croire qu'en ignorant la mort, il protège la vie. C'est tout le contraire. Il l'anéantit.

Le risque pour celui qui l'ignore est alors, comme Ivan Illitch, de se rendre compte trop tard qu'aux yeux du monde, on semble monter dans sa vie avec les honneurs et les promotions alors qu'en fait on glisse vers le néant.

On a beau tâcher « d'oublier le bas, la fin, l'écueil, La sombre égalité du mal et du cercueil » comme Victor Hugo dans *Les Contemplations*, on meurt toujours à contretemps : trop jeune, trop vieux, trop tôt, trop tard.

Même si cela suppose qu'il y ait un temps pour mourir, ce temps-là reste insaisissable. Dans les campagnes, on finit par en conclure que quand c'est l'heure, c'est l'heure.

La sagesse paysanne nous rappelle qu'il y a une heure pour tout. Une heure pour manger, et une autre pour mourir.

Mais que se passe-t-il vraiment quand vient cette heure ?

D'une certaine manière, il y a ceux qui rient et ceux qui pleurent.

À Clamensane, un petit village en Provence, on raconte qu'un célèbre boulanger, fort costaud et fort gaillard, fit venir son médecin la veille de sa mort. Il mourait littéralement d'envie de pouvoir faire son pain, mais hélas il ne pouvait plus quitter son lit. Sachant parfaitement que sa fin était proche, il fit venir son médecin qu'il adorait et l'accueillit avec un sourire à la fois coquin et gourmand au coin des lèvres.

Il lui lança :

— Tu sais ce qui me ferait plaisir ?

— Non, répondit le médecin.

— Je boirais bien une coupe de champagne avec toi.

— Qu'est-ce que tu veux fêter ? s'enquit le médecin, pas du tout surpris de cette cocasserie.

— On va trinquer à ma mort, rétorqua-t-il dans un rire à gorge déployée.

La femme du boulanger, qui se tenait dans la pièce d'à côté, cria qu'on ne buvait pas d'alcool avec les médicaments ; mais ne voulant pas contrarier le malade, elle gesticula en levant les bras au plafond puis, comme résignée et lasse de tant d'incongruité, céda aux exigences de son mari et alla chercher à contrecœur la bouteille.

Plaçant la célèbre Veuve entre les mains de son époux, elle fit mine de se détourner pour ne pas être la complice de ce qu'elle pensait être un coup de grâce.

Et elle lâcha : « Et puis merde fais ce que tu veux, tu es dingue. »

Elle ne se rendait pas compte que c'était l'inverse qui aurait été fou : refuser un dernier instant de liberté à cette âme qui voulait prendre tout son élan pour s'envoler.

Le boulanger démusela la bouteille en libérant le tortillon, parut satisfait de faire sauter aussi rapidement le bouchon et remplit la coupe de son ami médecin, puis la sienne.

L'écume pétillait à la surface.

Les rayons du soleil, adoucis par les persiennes à claire-voie, semblaient vouloir venir caresser ces petites bulles qui remontaient et éclataient dans le ciel de Provence.

L'idée que lui aussi allait éclater en l'air comme une petite bulle ne lui déplut pas.

Il porta la coupe à ses lèvres. Dans un geste qui était une danse rustique, il gouta le champagne et jugea qu'il était correct.

À la tienne, lança le boulanger.

À la tienne, répondit le médecin.

Tu déconnes, conclut Georges dans un rire entendu.

Il parut satisfait de cette ultime célébration avec son ami, et n'oublia pas de payer son médecin.

Cette dernière journée sur terre fut somme toute agréable, pétillante et amicale. Cette nuit-là, il partit comme une bulle de champagne. Plus bas dans la vallée, on entendait déjà murmurer dans les fermes : « Qu'est-ce qu'on va faire sans pain ? »

Pendant ce temps, Ivan Illitch restait avec sa douleur et sa peur jusqu'à la mort, se demandant pourquoi il devait mourir, lui, et pas les autres.

Ivan comprend qu'il n'a jamais voulu voir l'horizon, jamais senti s'ébranler son cul contre les vagues de sa vie : « La vérité, c'est que je n'ai pas vécu comme j'aurais dû, comme j'aurais voulu et maintenant c'est trop tard. »

Personne mieux que Tolstoï n'a écrit sur la mort. Il en a pressenti la dimension physique. « Ça y est j'y suis, dit Ivan Illitch au moment de mourir, mais ce n'est pas ce que je croyais, il y a une petite lumière au fond. »

« Voilà donc ce que c'est : la lumière et... »

Avec le dernier sourire d'Ivan Illitch, Tolstoï nous livre qu'il n'y a pas de fin et par conséquent pas de mort.

Ce sourire à la mort n'est pas propre à Ivan Illitch.

Il suffit de découvrir ce tableau de Raphaël : *L'Extase de sainte Cécile*. Bien sûr Cécile est une sainte et elle croit en Dieu, mais ce qui compte, ce n'est pas qu'elle se réjouisse de rejoindre les anges ; non, ce qui compte, c'est que Raphaël en ait fait un moment d'extase. La mort est un transport hors de soi. Raphaël nous suggère que la mort peut être un kiff.

Ne dit-on pas de quelque chose qu'on adore *c'est mortel*, et de la jouissance que c'est *une petite mort*.

Parier que la mort peut être un moment heureux.

Au cimetière du Père-Lachaise, on trouve sur les tombes, à l'abri des marronniers, toutes sortes d'épitaphes. Beaucoup font état de décorations, de titres ou de fonctions. Ces éloges sont mortels, comme les plaques de noms célèbres qui jalonnent nos rues. Beaucoup de gens rêvent d'« être plaqués » après leur mort.

En réalité, il faudrait pouvoir tous porter, à l'abri d'un tilleul ou d'un murier platane, cette inscription : *ci-git un être heureux.*

La plus belle marche funèbre ne serait alors pas celle de Chopin, ni *La Mort d'Ase* d'Edvard Grieg, mais peut-être *L'Hiver* de Vivaldi interprété par Fabio Biondi.

Nous ferions alors beaucoup d'envieux.

Le secret

Leurs corps enlacés basculèrent délicieusement dans l'herbe mouillée. La rosée du matin remplit les derniers interstices qui séparaient encore leur peau à peau.
Un frisson ajusta la température des deux amoureux.
Ils n'étaient plus qu'un.
Aucun secret ne pourrait venir les abimer.

Le secret est cette planque de l'esprit qui, aussitôt révélée, s'éclipse. Pourquoi diable laisse-t-on filer un secret ?

Ordinairement, c'est pour s'en libérer parce qu'il est trop lourd, trop pesant. Se délester des poids, c'est faire chanter à nouveau son coucou.

Le mauvais secret est ce poison qui se nourrit du hasard, de la honte ou du vice. Secret des familles, secrets des fabriques, ou des États, tous ces secrets sont meurtriers, soit qu'ils nous tuent à petit feu soit qu'ils tueront d'autres que nous. Le vilain secret est cette arme que l'on retourne contre soi ou que l'on peut pointer sur l'autre. Il n'y a pas de suicide ni de meurtre sans secret, et ces suicides ou ces meurtres sont parfois collectifs.

Quand le secret pivote un peu sur son axe du mal, il feint de devenir le secret de la réussite. Mais la réussite est encore un assassinat déguisé, où des égos triomphent d'autres égos.

Dans cette guerre d'entre-soi, le secret règne en maitre, comme un superpouvoir. Au point de se méfier de sa chemise. « Si ma chemise savait mon secret, je la brulerais », disait Pierre, roi d'Aragon.

Maitre et arme, le secret se retrouve donc maitre d'armes de notre conscience et comme le tireur d'épée, il porte des coups inattendus et fatals à des adversaires surpris par tant de bottes secrètes. Il renverse les tables, redistribue les cartes, change la donne. Il est une discontinuité invisible qui s'ouvre sur des précipices dans lesquels des innocents basculent.

Faire l'innocent, c'est justement feindre de ne pas connaitre le secret.

Nous y voilà.

Le secret est le repaire silencieux de toutes nos culpabilités. « Surtout n'en parle jamais. » Celui qui détient un secret se découvre condamné à perpétuité. Désormais, il a le choix entre la figure du traitre et celle plus fourbe du dissimulateur. Cette culpabilité qui n'est pas décrétée est souvent présumée. Partager son secret, c'est à la fois trahir et se soumettre à un jugement ordinaire, pour se délivrer d'une culpabilité extra-ordinaire.

Car le secret est cette tempête intérieure qui fait rage. À bord, avocats de la défense et procureur général sont en délibération permanente, et quand la gite augmente et que le choc avec les vagues à l'âme se fait plus violent, tout jugement devient impossible. Il n'y a plus d'autre issue que de trouver un abri. Mais débarquer son secret est une manœuvre ardue, et trouver son maitre de port par gros temps est hasardeux.

C'est pourquoi le déchargement est souvent brutal et blesse celui qui le reçoit.

À ce jeu de rôle « à qui livre son secret regagne la terre ferme », celui qui le reçoit part à son tour voguer en galère.

En fin de compte, le retour à bon port est toujours une trahison.

C'est pourquoi il n'y a qu'un seul secret qui vaille : celui qui veille au respect de son innocence et à la liberté de ses amours.

Nous l'appellerons le secret du cœur.

Voici son chemin.

Enfant, dans mon jardin secret, je mange à volonté des friandises et m'autorise toutes les bêtises. Plus loin, des fées labourent le champ de mes caprices. Grâce à elles, je suis caressé par des lions fauves, je parle aux fleurs barbues, je vole à dos de garudas ou je plonge avec de grands dauphins au fond des océans. Rien ni personne ne peut m'arrêter, car ce jardin-là est transparent, joyeux et coloré, et je passe sans permission de ma chambre à mon jardin et de mon jardin à ma chambre. Mon sourire d'enfant sage est insolent ; si je peux garder la tête en l'air, c'est parce que je sais que personne d'autre que moi ne connait l'entrée secrète de mon petit chez-moi.

En face de ma chambre, il y a le jardin de mes parents, mais leurs secrets sont défendus et la porte est fermée à double tour.

Quelle drôle d'idée d'enfermer ses secrets avec une clé.

Adolescent, je rêve d'un nouveau jardin où j'avancerais nu avec un corps au diapason de nouvelles saisons. Ce serait un corps d'hiver, froid, glacé et pâle, en quête de chaleur, d'un feu et d'un soleil. À peine aurait-on le temps de le désirer qu'un air chaud et humide l'envelopperait et le pénétrerait. Puis ce corps s'éveillerait au printemps avec de tendres verts et des agrumes sucrés. Comme les fleurs, il s'épanouirait ; comme les abeilles, il quitterait la ruche pour s'en aller butiner. Tout serait doux, délicieux et brillerait au soleil comme des rayons de miel.

Viendrait l'été et le jardin serait ce théâtre de danse où s'avancerait un prince. Il serait forcément charmant et il m'appartiendrait. Car venant de nulle part, il aurait choisi ce jardin parce que j'en suis le secret. Hors le monde et hors du temps, ce prince accueillerait mon premier baiser et l'embrasser serait comme lui livrer avec la langue le cœur de mon secret. Puis l'automne imprimerait ses couleurs et annoncerait que ce premier baiser est bien passé. Que ce jardin était un jardin de jeunesse. Que les saisons de ce jardin sont les saisons de la vie. L'adolescence s'achève et le prince repart avec son premier baiser, on s'assoit sur un banc et en regardant les feuilles tomber on songe que les baisers à venir ne seront plus que des seconds baisers.

Alors, plus tard, on y repense, quand adulte on pleure son jardin secret. Les saisons ont passé et tout ce qu'on réussit est aussitôt perdu. La faute au prince charmant qui nous a abandonnés et aux lions qui refusent désormais de nous caresser. Il faut alors de toute urgence redessiner les plans d'un jardin, avec ses entrées, des cachettes, et des issues de secours. Loin du jardin d'enfant, le jardin d'adulte est un jardin à la Vauban, dont il va falloir dresser les remparts. Ce jardin-là sera une forteresse où l'on pourra finir de vivre et mourir, à l'abri des assauts des politesses convenues.

Ce jardin sera un jardin de corps, un peu à la façon du cercle des hommes autour du bassin des femmes dans le *Jardin des délices* de Jérôme Bosch. L'enfer et la création en moins.

Dans ce jardin, il suffit de danser pour s'ouvrir un chemin. Partout s'ouvrent en secret des chambres à caresses où des inconnus renversent leurs corps.

Bientôt les herbes folles l'envahiront et, dans cette jungle secrète, les lions reviendront.

Perdre

De petites larmes menaçaient de trahir le sentiment de bonheur qui montait en elle.
Elle chercha dans les replis de sa jupe son mouchoir.
Car elle voulait essuyer ces larmes ou peut-être, comme elle en avait l'habitude, juste serrer un morceau de tissu au creux de sa main droite pour contenir ses émotions.
Mais déjà, comme un filet de bave d'escargot, une larme luisait sur la peau de son visage.
Elle avait perdu son mouchoir.

Quand la lumière automnale ne suffit plus à nourrir les chloroplastes, les arbres perdent leurs feuilles. Alors l'arbre aspire une dernière fois leur chlorophylle puis rebouche les tiges nourricières, car il n'y a plus rien à exprimer. Abandonnant ses limbes au vent, l'arbre est pourtant loin d'être un perdant.

Si nous étions des arbres nous pleurerions aussitôt ces feuilles mortes qui nous quitteraient, car nous ne voulons jamais rien perdre à temps. Nous sommes à ce point attachés à tout ce qui nous appartient que nous distinguons à grand-peine les pertes heureuses des pertes malheureuses. Chaque perte se mue en drame car toute séparation est une amputation, et cette atteinte au Tout nous offre en échange un vide et puis plus rien.

Pourtant, perdre son temps est ce qui rend la rose si importante aux yeux du Petit Prince, et perdre à temps des illusions qui nous ont fait rêver annonce le temps des illusions nouvelles qui nous feront grandir. Plus le temps passe, moins la perte est cruelle. Mieux : elle annonce une promesse. Pleurer l'hiver ne sert à rien quand on sait qu'il laissera sa place au printemps. Seules les pertes à contretemps demeurent inconsolables. On ne peut jamais se résoudre à perdre un cerisier en fleur.

Les arbres, littéralement, ne perdent pas leurs feuilles. Ils en tirent profit durant la belle saison, pour s'alimenter, puis s'en délestent pour survivre à l'hiver. Quand la lumière vient à manquer, l'arbre fait le mort en attendant le retour des rayons du printemps. Tout ce que l'on perd nous a nourris un temps. Nous perdons un jour ce qui nous fait vivre un autre jour. Comme les arbres, nous ne décidons pas du moment où nous allons le perdre. Comme les arbres, nous survivrons.

La lumière automnale des hommes est le destin, chaque perte est une éclipse. C'est pourquoi, en se levant chaque matin, l'homme, comme un grand soleil, cherche son étoile. Il s'imagine que ses membres sont des branches ; son tronc, le cœur de son corps. Portant son regard à perte de vue, il demande au ciel de lui révéler les saisons de ses pertes. Prédire les changements saisonniers amène à découvrir des cycles célestes, et ces cycles deviennent les saisons du destin.

Le destin est un peu notre calendrier des pertes.

Tout ce que l'homme peut perdre a été rangé dans douze maisons comme les douze mois d'une année : dans la première maison son énergie, dans la seconde l'argent ou son travail, dans la troisième ses frères et sœurs, dans la quatrième son père, ses origines, dans la cinquième ses amours, ses plaisirs, ses enfants, dans la sixième sa santé, dans la septième les contrats, dans la huitième son genre ou des procès, dans la neuvième les voyages de l'esprit, dans la dixième la réussite ou sa mère, dans la onzième ses amis et, enfin, dans la douzième ses ennemis ou ses secrets.

Mais si, dans l'espoir de protéger ce qu'il peut perdre, l'homme construit des maisons avec des planches de bois mort, dehors les chênes et les platanes qui se dressent, eux, bien vivants, nous donnent à voir une autre perspective de la perte. Quand la sève ne circule plus et qu'un bouchon se forme entre la base de la tige et la branche de l'arbre, la feuille change de couleur et se détache. La feuille légère qui bruissait au vent soudain se tait et découvre en silence qu'elle est un poids soumis aux forces de la gravité.

Ce poids signe sa perte. La chute est son nouveau chemin.

Tout ce que nous perdons répond aux lois de la gravité. C'est pourquoi toute perte est toujours si lourde à porter. C'est pourquoi toute résistance est si pénible.

Au plus nous résistons à une perte, au plus son poids se fait sentir et au plus nous prenons le risque de nous laisser emporter dans la chute.

« Laisse tomber »

La feuille exécute en l'air un dernier piqué-tourné et sans bruit glisse au sol. Commence alors une lente pourriture, et la feuille se fait engrais. Cet humus-là est fertile et universel. Il va nourrir d'autres surgeons.

Comme les arbres, nous nous nourrissons des pertes des autres : le malheur des uns fait le bonheur des autres. Les tomates qui ravissent notre palais ont d'abord été arrachées à leurs branches. Et pendant ce temps-là, le plant de tomates se découvre de nouvelles pousses, de nouvelles feuilles puis de nouveaux fruits. Alors oui, perdre ses parents, perdre ses amis, perdre son travail, perdre sa chemise, sont autant de coups sonnés par l'horloge du destin. Y résister est vain. Nous n'y pouvons rien.

La difficulté est ailleurs : la perte vaut moins que le sentiment de la perte. À la différence de l'arbre, nous sommes sensibles au vide et au manque.

La perte, c'est humain, nous fait vaciller au bord du néant. « Tout paraît vide sans l'autre, on a tout perdu. » Ce n'est le plus souvent que la perte des choses qui nous en enseigne la valeur, écrit Arthur Schopenhauer. Car l'homme préempté par la vie est un homme dépossédé. Et cette dépossession n'est soluble que dans l'espérance ou le renoncement. La perte est au cœur du clivage de l'humanité. Entre cette humanité qui croit et espère de bonne foi, et celle qui renonce de bon gré. Entre ces deux bords, il ne peut y avoir que des peurs, de la souffrance et au mieux de la frustration.

La perte oblige l'homme à choisir. Comme il peut. Dans cet arbitrage, il peut se rapprocher de Pascal et dissoudre ses pertes dans sa foi : « Pesons le gain et la perte, en prenant croix que Dieu est. Estimons ces deux cas : si vous gagnez, vous gagnez tout ; si vous perdez, vous ne perdez rien. » Ou préférer Cioran et jouer la somme nulle : « Pour moi tout ce qui est gain est en même temps une perte. » À bien y réfléchir on peut rejeter en bloc et l'un et l'autre. Et préférer perdre, comme Cendrillon sur son chemin, sa pantoufle de cristal. Chaque perte peut alors devenir le premier acte d'une métamorphose. L'autre science de la perte est la magie. Ce qui disparait sous cape peut réapparaitre un autre jour, à la lumière.

Pour en arriver là, il suffit de quitter son chemin pour ne perdre aucun des petits bonheurs sauvages. Car il faut bien le reconnaitre : s'il est un combat utile, c'est celui contre la perte inutile des moments qui peuvent nous rendre heureux.

Souvenir

Te souviens-tu de notre premier baiser ?
J'aimerais bien m'en souvenir mais il y en a eu tant.
À vrai dire celui qui m'importe le plus est le dernier baiser.
C'est le seul encore vivant.

Certains souvenirs remontent en eau claire et dessinent à la surface une douce ondulation qui fait à peine glisser les nénuphars du temps présent. D'autres remontent en eau trouble et vous brassent tellement que la première branche qui flotte est bonne à saisir, dans l'espoir de pouvoir regagner un rivage.

Mais quel rivage ? Ces rivages sur lesquels les mauvais souvenirs vous ramènent ne sont pas des plages de sable fin. Ils ressemblent plus à ces berges glissantes de rivières sombres, perforées par des racines d'acacias piqueurs ou de saules qui pleurent.

Quand enfin nos pieds s'enfoncent dans la boue grasse de molles rives, et qu'on ose jeter un œil au cours d'eau noire qui dégueule en fuyant, on voit encore au loin, fixes et menaçants, buller nos misérables souvenirs. Reste à espérer que ces rivières qui les emportent soient les affluents du fleuve de l'oubli, qui, comme le Léthé, engloutit les mauvaises pensées. Mais quand bien même finiraient-elles par s'y jeter, nous aurions alors atteint, selon la géographie de Dante, le purgatoire de la *Divine Comédie*.

Il est trop tard, quand on va mourir, pour vider la valise de ses mauvais souvenirs. Choisir la porte du paradis pour les éliminer revient à accepter de passer sa vie dans une poubelle remplie, selon le mot de Gide, des épaves du bonheur.

Alors les plus heureux sont peut-être les sans-souvenirs. À condition d'avoir appris à battre les œufs en neige. Battre le blanc de chaque instant avec l'ivresse de vivre arrimée au fouet. Voilà la recette. Les blancs montent, montent et quand ils sont bien fermes, on peut les incorporer à temps et en heure, tout entier à soi.

Incorporer, c'est mélanger, amalgamer, assimiler, intégrer. L'instant est cette expérience qui, comme les flocons qui forment la neige, vient arrondir la grosse boule de notre existence pour que tout roule. Le souvenir, lui, est le blanc d'œuf gluant qui reste au fond, la neige mêlée de terre qui empêche la boule de rouler. C'est pourquoi le souvenir isolé, exclu, retranché, séparé, agit comme une butée. Il sidère le temps présent. Le souvenir est comme un instrument de mesure de l'éloignement de soi à soi. Plus un sentiment de distorsion nous habite, plus une force de rappel au souvenir s'exerce. Comme un élastique, cette force claque d'un seul coup et libère une énergie qui nous précipite dans le temps.

D'où cette force tire-t-elle son énergie et où nous emporte-t-elle ?

Cette force vient de l'urgence de re-sentir.

Quand Proust écrit que la réalité se trouve dans le souvenir, il dit qu'il préfère à la brutalité des émotions du temps présent la virtualité des émotions adoucies et retapées par la mémoire. Mais ces émotions de tiroir, comme pourrait les qualifier Dalí, sentent un peu trop la naphtaline.

Quand on n'est plus aimé, tous les moyens sont bons. Convoquer à table l'affection de tous ceux qui vous ont aimé ressemble alors à ce gouter de madeleines. Mais bientôt on se souvient aussi des moules à pâtisserie et, en archéologue de l'affection, on découvre que ces émotions sont des fossiles. À son comble, la confusion des sens devient le clafoutis des dettes affectives.

Où cette force nous emporte-t-elle, en fin de compte ? Au choix : au cimetière ou dans une boule à souvenir. Dans le premier, on pose des plaques à l'endroit ; dans la seconde, on s'amuse à voir tomber à l'envers la neige sur une tour ou sur une vierge.

Chris Marker choisit le cimetière, quand il filme un souvenir-écran sur la jetée d'Orly. Son personnage principal offre sa mémoire dans une expérience de fin du monde. Ses savants fous veulent croire que le souvenir est le lieu où l'homme pourrait survivre après un feu nucléaire. Et l'homme de Marker, qui livre alors son plus beau souvenir — le visage d'une femme, immortalisé durant son enfance —, découvre que cet espace occupé par le souvenir mène à la mort.

Freud, lui, choisit la boule de neige, en renversant les souvenirs-écrans de ses patients pour révéler un envers de décor fait de souvenirs encore plus gores.

Les souvenirs cachés dans les plis de la mémoire sont autant de masques de la mort. Se perdre dans le souvenir, c'est vouloir oublier que le temps qui passe est un temps qui condamne. Mais ce que nous feignons d'ignorer, c'est que quitter le présent, c'est mourir à l'instant. Le souvenir est l'écrin du deuil, il invite à descendre à la cave : « Mais garde-moi dans un petit coin secret de ton cœur, et descends-y dans tes jours de tristesse pour y trouver une consolation, ou un encouragement », dit George Sand à Alfred de Musset en mai 1834. Elle vient alors de s'éprendre d'un médecin vénitien et propose à Musset, qu'elle va quitter, son souvenir comme unique remède. Mais ce souvenir-là est, dans Maupassant, un « miroir horrible, qui fait souffrir toutes les tortures ». Entre le souvenir d'un amour fulgurant qui a disparu et l'abyssale tristesse qui habite le présent, il faut assumer un choix : la rediffusion sur d'improbables écrans des courts métrages de son passé, ou le tournage de nouveaux scenarii avec ce qu'il reste au présent.

Choisir la vie, c'est choisir l'action, quitte à modifier les plans, à rechercher d'autres profondeurs de champ, à changer de rôle. Car la vie est un bout à bout dont les souvenirs ne peuvent être que des raccords. Plus que le souvenir, c'est la construction du souvenir qui a un sens. Quand on demande à un vieillard de nous parler de ses souvenirs au coin du poêle, aussitôt il sort ses cartes et nous tirant dehors veut nous prédire l'avenir.

Quand as-tu fait pour la dernière fois quelque chose pour la première fois ?

Traversée

Traversons la rivière.
De l'autre côté, il y a des cassis, des framboises et peut-être même des myrtilles.
Je te ferai des confitures. Traversons la rivière.
Non, je t'en prie, restons de ce côté et levons nos yeux vers le soleil. Il fera la traversée pour nous.

Quand les bittes du quai retiennent encore fermement les bouts de l'embarcation et qu'on monte à la coupée, commencent à émerger en soi les petits mouvements de bord à bord. Subrepticement, ces branlements viennent choquer les contours physiques de notre corps. En dedans, comme dans un sac en vrac, l'essentiel cabote en ballotant. La traversée n'a pas encore commencé et on devine déjà qu'elle sera cette brasseuse de vrac, d'où surgiront de nouveaux ordres. Trouver une place pour l'essentiel, tel est l'un des desseins de la traversée. Il sera encore temps, une fois en pleine mer, de jeter d'autres choses par-dessus bord.

Mais pour l'heure, on largue les amarres, on donne de la corne de brume et on glisse dans l'eau du port. Le son grave de la corne est le premier à prendre le large. Souvent, à cet instant, on garde le dos tourné à l'océan. D'ordinaire, on aime fixer ce qu'on va perdre et le retenir avec le regard encore un peu, jusqu'à ce qu'il disparaisse et se transforme en souvenir. On veut être sûr de ne rien regretter. En même temps que l'image du port se brouille en s'éloignant, monte en soi un mélange de nostalgie et de soulagement. Puis soudain, comme une corde casse d'un seul coup, il ne reste plus que le soulagement.

Faire disparaitre avec le trait de côte tous les embrassements, c'est découvrir en soi une nouvelle page blanche.

Peu à peu une grande tache bleue entoure cette page, et il suffira de tremper son regard dans le grand bleu comme on trempe une plume dans l'encrier pour faire venir à soi de nouvelles images. Ces images sont des visages d'inconnus qui nous désirent et de nouveaux paysages qu'on espère apercevoir un jour au loin, en haut de mâts qu'on imagine de cocagne. Tout glisse dans le bleu de la mer et on se surprend à guetter. Car l'enfance nous a légué quelques baleines et des trésors cachés. On cherche alors une ile ou un battement de nageoire. Mais on n'entend battre que les vagues et, tout au fond des creux, son cœur.

Bientôt on se retrouve seul au monde. Cette solitude est un grand nettoyage de printemps. On se lave de tous les maux et on détache par croutes entières ces couches de poussière que la vie avait déposées sur nous. Ces couches donnaient l'impression d'une certaine homogénéité, mais cette homogénéité, nous découvrons qu'elle était crasse.

Traverser, c'est redécouvrir toutes ses petites imperfections, car on n'a pas de compte à rendre à l'océan. L'océan annonce le règne du large, du vide et du silence. La conscience pourra prendre ses aises. Le temps passe et l'essentiel nous presse de révéler une part de ses mystères. La réussite de la traversée est à ce prix : elle doit nous transformer.

Attention, une tempête n'est jamais loin.

Cette transformation va s'opérer avec ce qui nous manque, car ce qu'on avait, on l'a laissé à quai. Parfois seul un être vous manque, parfois c'est tout qui manque. C'est pour cela qu'on est parti. Dans cette mise au point inattendue, la perspective d'un horizon trouve tout son sens. Le regard fixe est le regard qui espère, et désormais on espère une nouvelle bande de terre. On cherche de nouveaux amers. On se reporte à des cartes imaginaires. Car la conscience au large ne peut rien sans l'imagination.

Et puis soudain jaillit la lumière d'un phare d'atterrissage. Bientôt se dessinent au loin de nouveaux quais. Des défenses s'écrasent contre le béton, et leur gémissement annonce que le temps suivant sera celui du désenchantement. Une étrange mosaïque recompose l'horizon : des grues-portiques déchargent des marchandises, envoient en l'air des containers et remplissent méthodiquement le vide avec de gros Lego bleus rouges ou verts.

Devant ces parallélépipèdes, des agents de port en uniforme ouvrent l'accès aux corridors de débarquement flanqués de cordes à trois torons. Les voyageurs qui abandonnent le large se poussent dans ces goulots d'étranglement. Le silence lui aussi a fait sa révérence, sans faire de bruit. Dans l'entrechoquement métallique des transbordements de marchandises, on n'entend plus maintenant que des cris et des hurlements.

La traversée est terminée.

À l'autre bout du monde, on retrouve ce qu'on avait laissé en partant : du bruit, de la poussière et une forme d'encavement. On a beau être ailleurs, on est un peu revenu au point de départ. L'essentiel est ce qui reste à bord. Le vide, le large et le silence. Alors à quoi bon traverser des océans, quand il suffit pour trouver l'essentiel de contempler ses propres silences ?

Nos silences sont nos lacs, nos mers, nos océans.

Nous sommes nos propres embarcations et il ne tient qu'à nous de nous mettre à l'eau. L'eau du silence est douce, légère, presque sucrée. On peut s'y couler doucement sans craindre de s'y noyer. On hésite à faire, nu, quelques mouvements de brasse, puis on décide d'y mettre à l'eau un des radeaux de nos envies. Alors on pense à rompre le silence en fendant l'onde avec un roseau, mais tout compte fait on choisit de faire des ronds dans l'eau. Ces ronds sont des baisers et nous nous surprenons à embrasser nos silences pour mieux les traverser. Ces traversées-là sont innombrables et relient entre eux tous nos instants présents. Ainsi, notre vie cesse d'être cet archipel d'iles désertes où il nous est difficile de passer d'ile en ile.

Surfer sur les vagues de nos silences pour rallier nos iles désertes, voilà les plus belles des traversées.

Il y a tant d'instants présents à accoster.

Ouvrir

Un gros cumulus enfla au-dessus de leur tête et une pluie fine vint mouiller leur visage.
Elle ouvrit son parapluie et l'eau se mit à ruisseler en suivant les rigoles formées par les baleines.
Elle avait créé de nouveaux cours d'eau.

Si tous les yeux du monde s'ouvraient au même moment, notre planète serait cette sphère d'émaux rectangulaires à fentes ou circulaires qui projetteraient leurs éclats bleus beiges jaunes ou verts dans l'univers. Et ces pupilles, à terre, avaleraient comme autant de puits de lumière les photons zigzaguant dans l'air du temps.

Les premiers yeux sur Terre se sont ouverts au monde dans l'eau, au fond des océans. Ils ne distinguaient alors que les ombres en mouvement, et ces ombres représentaient soit un danger soit à manger. Quand bien plus tard dans l'évolution les paupières se forment, c'est pour fermer avec la nuit les portes du sommeil, à condition d'être à l'abri.

Puis vint l'âge d'or. Un âge où les portes n'existent pas et où la jeunesse est éternelle. Tout est y beau, tout y sent bon. C'est quand Prométhée devient le voleur des dieux et descend sur Terre le feu caché dans un fenouil que la vie des hommes va s'enflammer. Par vengeance Zeus créera la femme sous les traits d'une créature aux cheveux d'or : Pandore. Ouvrir deviendra avec elle une sorte de malédiction, source de toutes les misères du monde. Nous ne l'oublierons plus jamais.

Pandore descend majestueuse de l'Olympe et ouvre la porte d'Épiméthée. Elle est la première femme de l'humanité. Merveilleuse et désirable, elle est la poupée des dieux. Son ventre est prêt à dévorer. En attendant, comme la statue de Pierre Legros, à l'arrêt dans le parc du château de Versailles, elle se lisse les cheveux. Sa beauté insolente mais artificielle s'avance maintenant mécaniquement pour ouvrir le cœur du frère de Prométhée. La séduction entre en scène, comme un drapé du désir. Mais elle porte dans ses plis la ruse et le mensonge. Cette ouverture du cœur toute féminine annonce l'ouverture tragique de la jarre des calamités. Ces jarres pouvaient alors conserver la nourriture ou le vin et recueillir les cendres d'un défunt. Elles portaient en elles la nourriture ou la pourriture.

Mais cette jarre de Pandore est une jarre dont, à ce moment, on ignore encore tout. Quand Zeus la livre dans la maison d'Épiméthée, Pandore a deux visages : celui d'une poupée irresponsable soumise aux dieux et celui d'une femme dévorée par la curiosité.

Nous voilà face aux deux ressorts historiques de l'ouverture : d'un côté le destin, l'impérieuse nécessité qui ouvre la porte sans crier gare, et de l'autre côté la curiosité et le désir qui poussent à coller l'œil dans le trou de la serrure. D'un côté le destin qui se perd en se brisant comme une vague dans l'océan, et de l'autre la responsabilité qui, de sa proue, fend la vague et tient son cap. Entre les deux, le fatras de la tentation. Ne nous soumets pas à la tentation, mais délivre-nous du mal. Ces maux qui jaillissent de la jarre sont la vieillesse, la maladie, la guerre, la famine, la misère, la folie, le vice, la tromperie, la passion, l'orgueil.

Mieux vaut désirer que consommer, telle est la leçon de Pandore.

On ne touchera donc qu'avec les yeux.

Et si mon ami Pierrot a vraiment besoin de feu, qu'il aille chez la voisine.

La curiosité devient pour la postérité un vilain défaut et une marque du mal.

La porte qu'on n'ouvrira jamais devient alors ce fantasme dont la seule clé sera la transgression. Barbe bleue s'en souviendra.

Pourtant.

Pour vivre vieux, il vaut mieux marcher en respirant l'air frais de nouveaux chemins mystérieux que rechercher la chaleur du feu prométhéen, qui finit par nous bruler et fermer nos paupières. Fermer les paupières, c'est s'en tenir aux chemins dessinés par les rêves et les cauchemars. Ces chemins-là, s'ils sont parfois doux, disparaissent au réveil. Ouvrir doit être cette fuite en avant joyeuse pour échapper aux mollesses du temps présent, une sorte de cabriole pour reprendre un appui ferme un peu plus haut ou un peu plus bas. Ouvrir la terre avec ses grands et ses petits labours pour faire germer la semence du blé ou ouvrir la fente à féconder pour y déposer sa semence procèdent de la même intention. Ouvrir, c'est toujours vouloir faire naitre. Sans ces ouvertures, la vie n'existerait pas.

L'origine du monde, selon Courbet.

Quand ouvrir la terre pour se nourrir n'est plus possible, quand ouvrir l'autre pour jouir devient impossible, nait en l'homme une violence qui annonce le temps du vol et parfois, pire encore, celui du viol. Au fond, il y a ceux qui ouvrent des meurtrières et ceux qui ouvrent des paquets cadeaux. Des guetteurs et des jouisseurs. Ceux qui sont retranchés dans leurs châteaux forts avec leurs greniers à grains ont plus à perdre que ceux qui se présentent à la porte du pont-levis.

Les ponts-levis, quand ils s'abaissent, s'ouvrent sur des postes de garde. À l'inverse, dans ces campagnes du bout du monde, où l'on n'a presque rien, les portes sont grandes ouvertes. Car on aime offrir au soleil des ouvertures pour venir diffuser ses rayons. À la Bourasse, en contrebas d'un virage d'un petit chemin qui mène en haut d'une montagne, en Provence, une porte est toujours ouverte. Elle ne paie pas de mine et elle n'est pas cachée, mais il faut être curieux pour venir y frapper. Quand on toque et que les chiens de berger jappent, une petite voix s'élève et crie :

« Qu'est-ce que vous voulez ? »

La porte s'ouvre et on vous offre à manger.

Ouvrir son cœur, c'est aimer
Ouvrir sa bouche, c'est respirer
Ouvrir sa tête, c'est rêver
Ouvrir ses mains, c'est espérer
Ouvrir son sexe, c'est fusionner

Ouvrez, ouvrez, ouvrez, tout en même temps, il n'y aura rien à regretter.

Loin de Paris, à la campagne

J'aime sentir ce mélange de cambrousse et de fumier que le soleil calcine à feu nu. Puis quand l'heure bleue déroule son tapis dans le ciel pour que s'avance la nuit, une brise légère soulève cette étrange odeur de terre torréfiée et la pousse vers les chaumières.
Le soir, fatigué, on se glisse sous les draps de son lit et on respire cette odeur.
Alors le matelas dans lequel on s'enfonce se transforme en grand sillon de labour et l'on revient tout entier à la terre.

C'est quand on se retrouve seul sur une départementale qu'on est à peu près certain d'être sur le chemin de la campagne. Quand, en plus, des lacets montent en découvrant des cols et que d'autres descendent pour se glisser dans des vallées, on se souvient qu'il existe des pays où l'on n'arrive jamais.

Des odeurs de plantain et de molène chauffés par le soleil se mêlent aux effluves de fumier fraichement ramassé, et l'air que l'on respire semble tout droit sortir d'une mystérieuse source réfrigérante dont la fraicheur balaie comme un jet-stream les entrailles de notre carcasse, qui pour une fois semble apprécier ses intérieurs.

Plus on poursuit sa route plus on se retrouve seul. Des forêts, des champs, des ruines. La nudité des terres nappe de sa couleur de chair la peau des champs, et le ciel qui vient coucher sur les blés ses nuances de lumière d'automne ou de printemps feint de vouloir s'allonger un peu pour s'endormir sur terre. Des petites pancartes bleues nous promettent des châteaux, des bastides et des forteresses, mais à suivre du regard leur direction, on ne voit que des coquelicots, des amandiers et de vieilles charrues abandonnées. Enfin, après des minutes qui semblent des heures de route, au bout d'une ligne droite, on devine un clocher et on s'attend à rencontrer du monde.

Mais le centre du village est une place vide, avec son marronnier voûté tant il a vu passer le temps. Les maisons paraissent avoir mille ans. Pas une âme qui ouvre sa fenêtre ou entrouvre une porte. On décide de remonter la rue principale, qui souvent est celle de la République, mais par-delà le symbole, imperturbable, la départementale se plante là pour nous inviter à reprendre un chemin pour nulle part.

Jusqu'où ira-t-on par là ?

On a bien tort de se croire seul, car ce désert que l'on vient de traverser est en fait un territoire. À droite, cette ruine abandonnée est le pavillon de chasse de Gaudin. Cette charrue qu'on avait cru délaissée est en fait le repère qui mène au coin à morilles de Davin. Alors que jusqu'à présent nous n'avons vu personne, tout le monde nous a déjà vu. Là-haut sur la colline, un paysan qui cueille ses brins d'hysope a entendu venir de loin cette voiture qu'il ne connait pas. Oh bien sûr il n'a pas eu besoin de lever la tête pour comprendre qu'un étranger était en route. Les grives qui s'envolent, les coups d'accélération de fadas dans les courbes où tous les gens du pays savent qu'il faut ralentir pour ne pas verser dans le ravin ne trompent pas.

Un peu plus loin Émile, perché dans sa campagne en haut de la colline de la Gineste, garde toujours un œil sur sa vallée. Sait-on jamais. Une grande fenêtre de guingois sur le rebord de laquelle les plants de tomate poussent est son poste d'observation. Assis dans sa cuisine, il s'imagine dans une tour de guet. Tout n'est pas déclaré ici, et il ne peut se permettre de voir arriver chez lui n'importe qui. Au mieux il sortira en relevant la casquette et en se grattant la tête, pour accueillir le visiteur du jour avec un « bon Dieu je crois que vous vous êtes perdu, il vous faut faire demi-tour et reprendre votre route à l'envers ». Au pire un coup de fusil en l'air fera l'affaire.

C'est mon territoire, je vous dis. Puis, examinant avec un peu plus d'attention son étranger du jour, il se dit finalement qu'il a bonne tête. Un étranger, ça peut servir, surtout à raconter un peu ce qui se passe là-bas dehors en ville. Vous boirez bien un petit sirop avant de repartir ? Et, désignant la voiture de son invité, d'ajouter « oh va ne craignez rien, elle est bien, là, ce n'est pas Marseille ici ».

Le sirop est un peu l'attrape-mouche du paysan, qui veut en savoir plus.

La mouche, qui a soif, n'en sait rien, mais maintenant qu'elle a trempé ses lèvres dans la menthe à l'eau, elle va devoir parler.

L'interrogatoire est bien réglé :
Vous venez d'où ?
Où est-ce que vous allez ?
Vous connaissez quelqu'un ici ?
Vous comptez rester combien de temps ?

La mouche, ravie de tant de considération de la part de son hôte, pavoise un peu. Sûre de son importance se donne des airs de futur acquéreur. Tout peut s'acheter, en principe.

Émile, qui voit le coup venir, rabat sa joie. Ici ça ne vaut pas grand-chose, et puis il n'y a rien à vendre. En dedans, il bout à l'idée d'avoir un nouveau voisin. Passe encore de partager un peu sa source avec la ferme des cousines, mais partager son eau avec un étranger, jamais. Alors, avec un sourire malicieux, il invite l'étranger à reprendre sa route, en lui conseillant d'aller dans l'autre vallée. Oui, en passant la rivière, vous rentrerez dans un autre pays et là il y aura peut-être des affaires à faire. Et puis là-bas on mange des écrevisses, alors qu'ici... Le soir même, Lucien, Davin, Émile et Gaudin se retrouvent chez Marcel pour se partager les morilles.

Tu le connais, toi ?
Non ma foi je ne l'ai jamais vu
Je ne crois pas qu'il revienne
Je l'ai envoyé dans l'autre pays
Lequel ?
Celui des sigalas
Ah oui les sigalas c'est bien
Il ne reviendra pas
J'aime me nourrir d'illusions

Le coffre des illusions

Tu me donnes faim.
Remettons le couvert. Car ceci n'est pas une pipe.

L'illusion est cette fusée qui s'allume un jour en nous et sans prévenir s'envoie en l'air.

Sa longue mèche a d'abord été patiemment tressée dans le secret de nos désirs. Puis, conscients que le moment de sa mise à feu ne nous appartient pas, nous l'avons rangée de longs mois dans le coffre des artifices. Ce coffre se remplit à mesure qu'enfant nous découvrons ces histoires d'aventures et de conquêtes et que nous pensons que tout le monde nous aimera autant que nos parents. Toutes les illusions sont alors bonnes à prendre et le coffre prend vite la forme d'un joyeux capharnaüm.

Quand un peu trop vite on grandit, on découvre qu'il faudra bientôt faire un peu de rangement.

Ce premier rangement est un déchirement : il est difficile de garder toutes ses illusions passées si on veut en accueillir d'autres. Quand le coffre est plein et que de nouvelles illusions s'offrent à soi, il n'y a pas d'autre choix que de faire de la place ou de ranger ses illusions dans le coffre d'un autre. Ce qu'adulte on ne se privera pas de faire avec ses propres enfants. D'ailleurs, briser une illusion chez un enfant, c'est souvent le faire grandir, alors que chez un adulte, c'est potentiellement le faire mourir.

Pour faire de la place, on plonge ses mains dedans, on brasse, on tâte, on fouille et on recherche les plus encombrantes. Celles qui pèsent finissent par écraser toutes les autres. Peut-être, en éliminant une seule grosse illusion, fera-t-on de la place pour des dizaines de nouvelles petites illusions. Alors vient le temps du premier sacrifice : perdre une illusion, c'est perdre quelque chose qui n'existe pas et qui pourtant nous faisait vivre. L'illusion est un vide qui nous remplit. Perdre ce vide-là n'est pas rien. On a beau peser les patates, la balance ne veut pas pencher et reste en équilibre, comme si le poids du vide de nos illusions était à chaque instant le juste contrepoids de toutes les réalités.

Rien n'y fait, on a beau se raisonner, se dire que cette mèche-là jamais ne s'allumera, et que quand bien même elle s'allumerait, il n'est pas sûr qu'elle ne nous exploserait pas au visage, on n'arrive pas à se convaincre de renoncer à une illusion, si petite soit-elle. Il n'y a qu'une seule issue : s'en arracher. La force qui surgit alors pour accomplir la triste besogne menace de nous arracher les tripes. Plié en deux, on sent une douleur nous transpercer, et puis soudain, comme un arbre qu'on déracine, toute résistance cède et d'un seul coup tout est fini. Un trou béant, encore plus vide que le vide qui le remplissait, s'offre à nous et déjà appelle de nouvelles illusions.

Un jour, donc, sans vraiment savoir pourquoi, une fusée s'allume.

Dans le silence et l'obscurité de cette nuit-là, elle s'élance en laissant derrière elle une grande trainée lumineuse. Des crépitements montent dans le silence crépusculaire et finissent par livrer très haut un gémissement. Une pétarade commence. Les marrons font boum. On a peur d'un volcan et puis non, on est enchanté. Au loin, très haut, une comète fleurie fait jaillir des étoiles de toutes les couleurs. L'illusion, c'est avoir un instant la tête dans les étoiles et en voir de toutes les couleurs.

Puis les étoiles s'éteignent, des scories scintillantes menacent de revenir sur terre et un grand silence remplit l'obscurité. L'illusion n'a pas brillé bien longtemps : trop intense, trop haute, trop explosive, elle nous a fait vibrer quelques minutes et puis s'en est allée.

Mais ce qui reste alors de cette illusion qui s'est enflammée révèle notre vraie nature. Si nous baissons les yeux et que tout est fini, nous sommes des impuissants. Si, au contraire, cette explosion en l'air a laissé ses étoiles dans nos yeux, nous voici d'un coup transformés en chevaliers du ciel, que dis-je, en Argonautes. S'ouvre alors la possibilité de transformer nos vies en légendes...

Qu'importe la réalité ? L'illusion portée par l'action nous permet toutes les audaces, tous les caprices, et, comme Nietzsche le rappelle dans *La Naissance de la tragédie* : « La connaissance tue l'action, pour agir il faut être obnubilé par l'illusion. » L'illusion est, il est vrai, cette grande attractrice. Elle se nourrit de toutes les possibilités et se fout bien de toutes les contingences. Pour cela, elle aime bader les alentours prompts à capter tout ce qui peut la nourrir. Elle enfle avec nos désirs, nos fantasmes, parfois aussi avec flatteries ou jalousies. Nous nous rêvons beaux, désirables et puissants. Elle nous empêche d'être misérables.

Peu importe qui je suis. J'ai l'illusion de celui que je pourrais être.

La sensation d'une chose dit plus de choses sur notre nature que sur la nature de la chose, pourrait renchérir Spinoza. L'illusion a véritablement cette fonction-là : nous éclairer sur ce qui compte vraiment pour nous, sur ce qui nous anime. D'où cette tentation morbide de l'autre à nous faire perdre nos illusions. Car l'autre, pouvant percevoir à quel point elles sont susceptibles de nous ouvrir quelques voies secrètes, ne supporte pas d'être laissé pour compte. Il ne faut jamais laisser s'approcher de trop près quelqu'un qui a perdu toutes ses illusions. Comme à un voleur à l'affut, il ne lui reste plus en effet comme possibilité que de venir dérober les illusions des autres. Tout lui sera bon pour atteindre son but : la ruse, la violence, la séduction, la manipulation ne sont pas de trop pour arracher à l'autre ce qu'il a au fond de plus efficace, mais aussi de plus fragile.

Difficile de dérober à l'autre ses connaissances, sa chance, ses rêves, son expérience. Lui enlever ses illusions est en revanche aisé. Comme avec une bulle de savon soufflée en l'air, il suffit de venir l'effleurer pour la faire disparaitre. Nous avons tous un spectre de Brocken. Cette illusion d'optique est bien connue des randonneurs, qui, quand ils gravissent un sommet et se retrouvent au-dessus de la couche nuageuse, peuvent soudain voir projetée dans le ciel l'ombre démesurée de leur silhouette.

Prise entre le soleil de nos envies et les nuages de la vie, peut apparaitre devant nous à tout moment l'image immense de qui nous sommes vraiment.

In-fidélités

Il y a autant de maisons que de cocus à Cucuron.
D'où vient ce dicton ?
Je ne sais pas, mais c'est un bien joli village.

PROLOGUE

La fidélité sans amour est une mer morte. Quand je pense à cette fidélité-là, je repense à mes parents et à cette fidélité ennuyeuse grise et triste dans laquelle aucun sourire, aucun baiser, aucune accolade ne venait trahir à aucun moment une émotion. Mais parce qu'elle saturait l'atmosphère familiale comme l'air tropical empêche de respirer, elle finissait parfois par laisser s'échapper dans la maison une odeur de moisi. La fidélité est censée agir comme le fixateur d'un laboratoire de photographie. Mais ce qu'elle entend fixer, en réalité, elle le capture et elle l'enferme. L'amour ne se fixe pas, ne se capture pas. Il se moque bien de la fidélité.

ACTE I

Avant d'être fidèle à l'autre, toujours revenir vers le frontispice du temple de Delphes.

Nosce te ipsum — connais-toi toi-même.

Car la pire des infidélités est l'infidélité à soi.

Cette trahison-là est un poison. Aucune partie de soi, fût-elle mauvaise, ne mérite d'être ignorée ou effacée dans la solitude de sa conscience.

Nous aimer pour ce qui nous rend beau et pour ce qui nous rend laid. Tel est le premier devoir de la fidélité mise à l'épreuve du face-à-face.

Condamner ses défauts et vouloir les éliminer est aussi vain que d'arracher une fleur à ses racines et de penser ensuite qu'elle s'épanouira dans un vase la queue coupée. On aura beau l'entourer des plus belles ramures, la fleur pourrira, seule, au bout de quelques jours. C'est pourquoi on ne pourra jamais en vouloir à un vrai méchant d'être méchant.

Si c'est sa nature, le vrai méchant sera toujours plus heureux méchant que gentil. La question ne devrait jamais être : pourquoi es-tu méchant ? mais, en fin de compte : es-tu vraiment heureux ?

La fidélité à sa propre méchanceté rendra toujours plus léger qu'une gentillesse étrangère à soi. Que la société exige de l'individu qui sort de chez lui d'être gentil est une autre affaire. Il est toujours temps, une fois dans la rue, de jouer collectivement la comédie des gens parfaits. Mais il ne s'agit pas alors d'une infidélité à soi, mais d'une forme de concession crasse faite à la masse.

Que l'on se comprenne bien : on peut rester fidèle à soi-même tout en mentant aux autres, quand, d'un autre côté, toute tentative de sincérité avec les autres est nécessairement vaine quand on n'est pas sincère avec soi-même.

La fidélité est donc à l'origine cet hommage sincère et sans a priori à l'imperfection de l'individu, tandis que l'infidélité à soi sert en premier lieu la comédie de la perfection.

ACTE II

L'autre entre en scène. Qui est-il ? On ne le sait pas vraiment mais on a envie de l'aimer, voire de le posséder. On voudrait qu'en effeuillant la marguerite, il ne reste comme dernier pétale que la passion et que cette passion-là ne meure jamais.

Mais une marguerite dont on a arraché tous les pétales, quand bien même en resterait-il uniquement le plus beau, est condamnée. Aussi, quand survient le fantasme du plus beau pétale, la fidélité, à l'image de la statue d'Armand Lefèvre, s'avance en tenant le cœur entre le pouce et l'index.

Son regard est vide, se porte au loin, et à ses pieds repose un chien.

Le malentendu devient inévitable. Le sens du mot va s'inverser. La fidélité va basculer.

ACTE III

La fidélité doit désormais servir un idéal de perfection, celui du couple. Alors que justement, la fidélité des individus sacralise leur imperfection. Dès le départ l'injonction de fidélité va nourrir la promesse d'un mensonge. Mais cette injonction qui cadenasse la porte officielle de l'amour ne laisse guère de choix. Pour entrer, il faudra s'y soumettre sans savoir vraiment ce qu'il en coutera.

Être fidèle à l'autre, dont la fidélité à ce qu'il est vraiment nous est inconnue. Cela ne va pas de soi. Mais cette fidélité trouvera, à défaut d'un chemin naturel, une justification majeure : l'enfant. La fidélité — qui est un peu folle — endosse là un de ses plus lourds uniformes. Elle se mue en soldat de la survie de l'espèce. Droite dans ses bottes.

Combien de temps résistera-t-elle ainsi ?

Combien de retours à la folie s'autorisera-t-elle ?

Un jour l'enfant est grand ou compte moins, le chien est devenu aveugle, la statue laisse tomber accidentellement le cœur, le chien se précipite pour le manger et tout est à recommencer.

On s'était trompé.

ACTE IV

La fidélité, qui a déserté, se rend compte qu'elle ne doit rien à sa propre volonté et encore moins à un quelconque pacte qu'elle aurait avec la nature. Elle se remet instinctivement en quête d'authenticité et cherche partout son écho. Une nouvelle rencontre alors survient : elle ignore la sémantique des mots et se fout des contingences physiques. Comme une fulgurance qui échappe à la conscience, elle dessine une figure, l'appelle immanence.

La fidélité sans laisse ni chaine se surprend à lier du vrai avec du vrai ; par une sorte de covalence, des vérités individuelles s'agrègent en exerçant les unes sur les autres une mystérieuse force comparable à la gravité. Hors de cette force, la fidélité comprend qu'elle est une tension inutile. Puis, comme dans un bal du dimanche, la fidélité découvre qu'il y a autant de covalences possibles que de pas de danse.

Rien ne s'oppose plus dès lors à percevoir ce qui revient à la covalence des corps et à la covalence des âmes. On peut commencer à être fidèle à un corps et faire ensuite le choix de la fidélité à une âme. Surprise :

en amour la covalence des âmes est plus puissante et plus durable que la covalence des corps.

La fidélité au corps est la fidélité de l'instant, car les corps se consomment quand les âmes se régénèrent. La fidélité d'âme ne réclame aucun lieu, aucune temporalité, aucune preuve, aucun effort et, mieux encore, aucune réciprocité. Car sa force se suffit à elle-même. Aucune infidélité ne viendra jamais la faire vaciller, bien au contraire : elle s'en nourrira avec gourmandise, la trouvera à son gout, puis, mystérieusement, en redemandera.

ÉPILOGUE

Face à la Fidélité, dans le parc du château de Versailles, se dresse la statue de la Fourberie. La Fourberie sourit en faisant face à la Fidélité. Sous sa robe un renard se tient en embuscade. Dans sa main droite, la Fourberie a tombé le masque.

Enfance

Ils ne voulaient plus rien comprendre.
Ils ne rentreraient pas chez eux ce soir et tant pis si quelqu'un devait les gronder.
Leurs pupilles étaient cristallines, et la lumière tantôt pénétrait au plus profond de leur regard, tantôt s'y réfléchissait.
Avec leurs yeux d'enfants ils n'en faisaient qu'à leur tête.

Au tout début il y eut ce petit oiseau mort.

Comme tous les matins, ma mère était venue me réveiller, me prenait dans ses bras, et la douce chaleur de son corps me remplissait d'une étrange sensation, dont je ne pourrais dire si elle était l'amour, un apaisement ou un soulagement. Le rituel du matin pouvait dès lors se dérouler : dans la douceur des premiers câlins et des petits baisers s'immisçait rapidement l'envie de boire du lait, et la première gorgée était un frisson de plus qui finissait de réveiller mon corps. Quand enfin les babines étaient sèches, qu'un sourire suspendait au balcon de mes yeux grands ouverts l'expression du bonheur qui est roi, ma mère m'emmenait faire la promenade du matin.

Cette sortie à deux était comme une ballade des sens : le regard sans cesse attiré par de nouvelles formes en mouvement partait dans toutes les directions, et les allers-retours entre le bleu du ciel et l'agitation autour ne faisaient que renforcer le besoin de gigoter. Dans cette partition de musique au rythme de la vie, les odeurs venaient, comme des quarts de soupir, suspendre les sons, par vagues. Les lames criblées s'inondaient alors des fragrances alentour. Puis soudain, dans ce ballet ininterrompu de sons, d'odeurs et de lumières, le regard se fixa sur un petit tas de plumes noires.

Il y avait quelque chose de contrariant dans cette motte sombre. Le sourire se déforma en petite grimace. Quelque chose commençait à se sculpter en moi. Cette sculpture, je le comprendrai bien plus tard, était l'empreinte de la prise de conscience. Pas vraiment une douleur. Cette sensation désagréable semblait vouloir dire que les sourires sont parfois des mensonges et qu'il vaut mieux se laisser aller à de petites grimaces.

Dans la grisaille du matin, je discernais maintenant clairement sur le rebord de ce petit muret en brique rouge le cadavre d'un petit merle silencieux. Son plumage noir contrastait avec un anneau oculaire jaune et un bec brillant jaune orangé. Bien plus tard, un ami naturaliste me racontera que cette couleur orangée du bec prédisait le succès reproducteur et la qualité du territoire du mâle. Cette nature morte sans le savoir portait en elle tous les germes de ma future vie d'adulte : le tragique destin de la vie d'un homme, l'importance de son succès reproducteur et de la séduction, et la défense d'un territoire.

À partir de ce moment-là, il me sembla que rien ne comptait plus que de séduire et d'occuper mon territoire d'enfant.

Je découvris le pouvoir de la grimace.

Ce que le sourire parfois n'obtenait pas, la grimace le décrochait en deux mimiques. Bientôt je compris qu'occuper son territoire, c'est le remplir de ce que l'on obtient des autres avec sourires et grimaces. Mais, comme un pouvoir qui s'affaiblit avec le temps, le sourire et la grimace devenaient de moins en moins efficaces, alors que je découvrais aux mêmes moments l'existence d'un nouveau pouvoir : celui des mots. Faire sortir en pressant tous ses mots, c'est à coup sûr exprimer chez l'autre tout ce que l'on espère obtenir de lui. Plus tard on doit s'expliquer et vient le temps de la justification. Peu à peu le « je » trouve le « veux ».

« Pourquoi ? » devient alors une nouvelle clé. Il faut comprendre, il faut apprendre. Ce qu'on ne comprend pas peut se transformer en danger ou en peur, ce que l'on apprend peut devenir un outil ou une arme. On se découvre alors bricoleur et on construit ses premiers châteaux. Comme on se pense roi, on fait rentrer dans son monde tout le monde. Et ça tombe bien : tout peut entrer chez moi à condition d'avoir la bonne taille. Tout parait si simple, il y a ces trains électriques qui rentrent dans des gares de la taille d'une boite à chaussures, ce garage à trois plateaux où je peux ranger plus de voitures que mes parents n'en posséderont jamais. Et ma main est plus efficace pour faire décoller cet avion que n'importe quel réacteur.

Je suis le maitre de mon monde.

Un jour, une phrase vient résonner comme un coup de tonnerre dans ce ciel sans nuage : tu es grand maintenant.

En rentrant dans la salle de bain, le visage qui se reflète dans le miroir a changé.

Le nez s'est allongé, le visage s'est affiné, un fin duvet est apparu sur le menton.

Ce n'est plus moi.

C'est pourtant moi.

Quelque chose est en train de s'échapper que l'on ne retrouvera jamais.

Un monde disparait, et ce nouveau monde pour lequel on grandit parait bien compliqué.

On grandit parait-il pour être à la hauteur.

Tout ce qu'on pouvait obtenir avec un sourire ou une grimace, il faudra désormais le payer.

On ne sait pas encore à ce moment-là qu'on deviendra fort et qu'on sera amoureux.

Le grand troc entre le sourire, la grimace, la force et l'amour ne fait que commencer. L'adolescent qui ne peut plus revenir en arrière doit trouver en urgence de nouveaux mots. En attendant il jette des ponts entre le sourire et l'amour pour construire en toute hâte, sur les ruines de son enfance, son palais du facteur Cheval.

Déborder

Penses-tu que l'on pourrait déborder un peu ?
Oui, à condition de ne pas déborder trop longtemps.

Au loin sur le fleuve, la lumière tamisée d'un crépuscule d'été dansait sur un trait.

Cette droite unissait les deux rives et dessinait une frontière entre l'eau qui coule et l'air qui souffle. Les berges venaient embrasser comme deux bras le courant, pour s'aplatir à l'horizon sur une ligne sans fin. L'un et l'autre se donnaient dans un même coup de crayon vert et beige sombre au bleu du ciel. Au-delà de cette limite, personne n'imaginait un envers au décor. Tout juste pouvait-on observer qu'au fur et à mesure que le trait se rapprochait, l'eau douce projetait en l'air par paquets de mousse l'écume d'une eau jusqu'alors restée docile.

Le débit pourtant s'accélérait, comme aspiré ou entrainé par une puissante force invisible. De grands tourbillons clairs tentaient d'engloutir, à grands renforts de courants devenus fous, des branches et des troncs d'arbres qui s'éloignaient.

Puis soudain, un vacarme puissant surgissait, et les bois disparaissaient dans la broue au loin. On devinait alors que les troncs avaient basculé de l'autre côté et que l'eau du bout débordait dans le vide.

Qu'un geste ou un mouvement nous fasse basculer en avant et nous voici balancés en un instant dans une autre dimension. Impossible de s'arrêter ou de faire machine arrière, nous voici emportés sur-le-champ.

Déborder est dangereux, et ce mot entre sur la scène de la langue française avec comme première définition une mise en garde : il s'agit de s'éloigner du bord.

L'homme qui joue en permanence sa survie a tout bordé :

des territoires avec des cordes et des piquets

sa famille avec des règles et des secrets
des clans avec des codes et des pactes
des tribus avec des dieux et des grigris
des nations avec des mythes et des constitutions
et enfin sa raison et ses émotions.
Plus il perçoit de dangers plus il borde.

L'homme qui se fiche de vivre un peu plus longtemps, et veut vivre intensément, déborde. Ne jamais devoir choisir une autre direction que celle que son imagination et ses émotions lui commandent. Ce débordement se fixe parfois sur des toiles ou des pages blanches. Les mots et les couleurs deviennent alors des poèmes et des œuvres d'art.

Le débordement est bien un des génies de la création. Ce génie créateur est l'architecte invisible de tous les règnes. Il détruit et construit inlassablement pour faire naitre de nouveaux filons d'or, de nouvelles forêts, ou de nouvelles civilisations : il nous enrichit et il nous tue. Il peut être la corne d'abondance comme un trou de ver.

Les débordements sont cette folie généreuse de la vie, qui en même temps détruit et construit. Ils sont la condition nécessaire à son renouvellement. Tout ce qui crée la vie commence par un débordement. Quand les pluies tropicales ruissellent sur les hauts plateaux d'Éthiopie, la Sobat, le Nil Bleu et l'Atbara rentrent en crue, et le lit du Nil, qui les reçoit, déborde. Ce débordement fertilise la plaine, et des papyrus se lèvent.

Quand le soleil réchauffe un glacier, que la fonte des neiges déverse des torrents d'eau dans les lits d'aval et que des vallées sont inondées, c'est toute une vie qui disparait. Quand des volcans sous-marins rentrent en éruption, que leur lave vient déborder à la surface des océans, et que des albatros hurleurs, quelque part dans le Pacifique Sud, viennent y colporter par hasard quelques graines, c'est la gloire velue du matin qui apparait.

Reste qu'en matière de débordement, il faut surtout se méfier de soi. Qui ne tente rien n'a rien. Qui ne déborde pas n'est plus rien. Car sans colère, sans joie, sans liberté, sans optimisme, sans pessimisme, sans passion, rien ne déborde, mais rien ne vit. Et si l'on se prend à aimer l'eau qui dort en nous, il faut se souvenir que c'est dans les petites mares sombres où rien ne tangue qu'on peut s'enfoncer et disparaitre dans la vase.

Toutes ces énergies qui ne demandent qu'à déborder pourrissent à l'intérieur et ne fleurissent jamais. Au mieux elles font de nous de bonnes conserves.

L'accepter, c'est prendre un risque immense, celui de ne jamais aimer vraiment, car l'amour est notre plus grand débordement.

Partir à l'aventure

Elle me parla d'aventure. De pays lointains. Elle voulait partir, me disait-elle.
Je voulais la retenir.
Je voudrais m'évader.
Et tu partirais à l'aventure sans moi ?
Oui, évidemment.
Pourquoi ?
Parce que je veux me prouver que je survivrai.
Idiote. Tu ne survivras pas sans moi.

L'aventure à cinq ans, ça peut être de s'écarter un peu de ce chemin que l'on emprunte tous les dimanches dans le bois de Marilhou, et de chercher le loup. Tendre l'oreille et retenir son souffle à chaque craquement de branche puis s'amuser, en écrasant à son tour des ronces, à jouer avec les instruments de percussion de la forêt. On s'écorche un peu les jambes, et le sang qui affleure pour colorer ces éraflures donne des mollets d'explorateur. Il sera dit qu'il n'y a pas d'aventure sans petite blessure.

Se sentir vivant.

Sans trop savoir pourquoi, on ressent le besoin de soulever dans les sous-bois une plaque de mousse. Trop lisse, trop douce, trop fragile ; ce petit morceau de tapis vert qu'on arrache à la terre se laisse retourner et on découvre un autre monde, qui grouille, bien plus petit que soi.

Se sentir grand.

Puis on se souvient qu'on est venu chercher le loup et que peut-être on est allé trop loin. Les ronces derrière nous se sont redressées et le chemin du retour a disparu dans les fougères. On laisse derrière soi une première fois le monde d'où l'on vient.

Se sentir loin.

Quand soudain on croit entendre un halètement, on imagine que va surgir la gueule du monstre, mais comme on aime le loup, on se met à lui parler.

Loup es-tu là ? Loup es-tu là ?

Le loup, qui n'est pas là, ne répond pas.

Mais l'enfant, qui y croit dur comme fer, continue à chercher son loup et à lui parler :

Viens le loup, n'aie pas peur, je suis venu à ta rencontre.

Se sentir seul.

Je sais que tu as de grandes dents.

Je veux juste voir si j'ai peur, montre-moi tes dents pointues et je m'en irai.

Montre-les-moi et je m'enfuirai ou je les caresserai.

Fanfaronner.

Le loup ne parait pas. Mais de nouvelles ombres viennent peupler la forêt d'étranges créatures, car le soleil se couche en silence. Leurs noires silhouettes s'avancent en recouvrant telle une cape de feutre noir les épaules cagneuses de la forêt. Bientôt il fera noir. Il faut rentrer.

Sentir la peur monter.

Alors on se met à courir et soudain, parce qu'on n'a pas fait attention, parce que c'était notre destin, on trébuche et on tombe dans un trou.

Est-on mort ? Est-on vivant ?

On est dans le trou.

Au fond du trou il y a une lumière.

Dans la lumière surgit la figure familière d'une tête de lapin blanc qui répète

« En retard, toujours en retard »

Ignorer le temps qui passe.

Quand plus grand on caresse à nouveau l'idée de partir à l'aventure, ce sera pour les mêmes raisons : vouloir se sentir vivant quitte à se blesser, se sentir grand ou tout petit, se retrouver seul avec soi-même ailleurs, et puis fanfaronner.

L'aventure, aux origines, venait de nulle part. Elle était la marque du destin. Elle vous tombait dessus. Toute surprise, tout évènement inattendu, tout accident était une aventure : elle n'était rien d'autre qu'une empreinte heureuse ou malheureuse du hasard. Quand Ulysse met le cap sur Ithaque, il ne part pas à l'aventure mais revient en héros de la guerre de Troie. Homère imagine alors de transfigurer son héros. Et cette traversée, qui tourne le dos à la guerre, suggère que le véritable héros se grandit bien plus encore dans l'aventure que dans la guerre.

Au fond Homère imagine l'aventure comme l'envers de la guerre, dont Saint-Exupéry disait qu'elle était une maladie. À l'endroit la gloire par le sang et le meurtre, à l'envers la gloire par le dépassement de soi et la conquête de l'inconnu.

La guerre accouche donc de l'aventure pour donner à l'homme la possibilité de devenir un héros sans tuer l'autre. La victoire sur soi va s'imposer peu à peu comme plus belle que la victoire sur les autres.

Comme pour parfaire cette transmutation de la figure du héros, il est vite dit que l'aventurier rentrera lui aussi de ses périples avec les mains pleines. Le trésor sera à l'aventurier ce que le butin de guerre est au combattant. Quand Marco Polo se laisse entrainer par son père à dix-sept ans pour établir de nouveaux comptoirs en Orient, il n'a aucune idée de ce qui l'attend. Mais il sait qu'il part pour faire des affaires et chasser de nouveaux trésors. Son aventure, qu'il racontera plus tard, quand il sera emprisonné, est une aventure a posteriori. Mais elle laissera, comme plus tard avec Magellan, l'idée que l'aventure est un moyen plus puissant encore que la guerre pour s'enrichir.

Ces récits de trésors lointains et cachés vont rapidement susciter de nouvelles vocations. L'herbe sera désormais toujours plus verte ailleurs. L'aventurier devient alors cette mouette emportée par le vent qui se pose par hasard sur un autre rocher, qu'elle ne connait pas, et espère qu'elle pourra y manger un peu mieux. Parfois, quand la mouette n'obtient pas ce qu'elle veut, elle retourne sa veste et devient colonisatrice.

Le sang coule à nouveau. Quand enfin le monde finit d'être connu et que toutes les iles au trésor ont fini d'être pillées, l'homme se désole d'être un pilleur et s'invente de nouvelles aventures.

La mouette, qui sait désormais que plus aucun rocher ne lui apportera une herbe plus verte, se laisse emporter par le premier courant d'air qui passe.

L'aventure devient alors ce mélange de fuite, d'espoir et de folie. Et le héros devient fanfaron. Il faut fuir cet environnement ou cet entourage qui nous ennuient jusqu'à l'épuisement. Il faut espérer ensuite que cet ailleurs nous dévoilera, comme un révélateur de papier argentique, ce que nous sommes. Mais comme le développateur acidifie le bain de révélation, l'espoir se corrode rapidement et laisse place à une folie en noir et blanc.

Tout devient superlatif.

Là repose la source de l'aventure des temps modernes : loin d'être un élan, elle est un épuisement. Elle est le clair-obscur de la lassitude, qui éclaire l'impasse des sourds et muets de l'existence. Elle est presque une forme de suicide. C'est pourquoi il est plus simple d'avoir une aventure en couchant avec un inconnu. Qui ne s'est jamais glissé un soir dans les draps d'un inconnu ne connait pas ce frisson du premier bord à bord des peaux, qui, parce qu'on ne s'est rien dit, vient comme une onde délivrer le secret d'un autre rivage.

Aucun monde, aucun paysage, aucune civilisation ne portera jamais en elle autant d'aventure que celle que l'on peut vivre avec un inconnu. L'aventurier qui part est sans doute celui qui ne sait pas aimer. Car ce que cherche l'aventurier à l'autre bout du monde, il le porte en lui dès le départ. Mais il l'ignore, il ne le voit pas ni ne l'entend. Il est cet étranger à lui-même que seule l'adrénaline réveille. Comme si l'éclairage de sa vie ou son filtre n'étaient pas les bons. Chercher très loin ce qui est très proche est l'obsession de l'aventurier.

L'aventurier est peut-être quelqu'un qui ne se connait pas, qui ne se sent pas bien avec lui-même. Étouffant dans son entre-soi, il a besoin, plus que n'importe qui, de passer par la fenêtre.

Entre partir à l'aventure et avoir une aventure, il y a une ligne de partage entre celui qui veut s'aimer et celui qui sait aimer.

L'orphelin

Voudrais-tu un enfant de moi ?
Je n'en suis pas sûr.

Et que se passerait-il si je tombais enceinte ?
Je ne sais pas. Ce serait peut-être un accident.

Il y a tant d'orphelins au monde que s'ils faisaient une chaine main dans la main, ils feraient le tour du monde. Mais cette chaine ne changerait rien, car quand le premier saisirait la main du dernier d'entre eux pour fermer la boucle, cette main de la multitude serait toujours celle de la solitude.

Aucune étreinte physique ne peut faire oublier à l'orphelin l'absence de l'odeur de sa mère. Car cette première odeur quand on nait est la seule qui apaise, qui nourrit et qui aime. L'odeur à ce moment précis de la vie pénètre et inonde le corps pour lui offrir son premier instant d'enivrement. Cet enivrement est une source d'eau claire. Il est l'origine cristalline de l'amour. Cette ivresse qui ne finit jamais, et que l'on peut réclamer sans crainte de se la voir refuser, est la promesse que l'amour sera au principe de la vie.

Comme la source d'eau claire, il ne se tarira jamais.

Cette transe originelle conditionne toutes les autres. Elle devient alors l'étymon du bonheur.

Dans le même temps, l'orphelin est cet enfant qui nait dans un monde où aucune odeur ne le met en transe. Il y a bien des odeurs, mais toutes semblent lui échapper. Car s'il cherche l'odeur de sa mère, il ne la trouvera jamais, et cette quête se suspendra peut-être quand il rencontrera l'amour. Mais cet amour est comme la résurgence d'une source à laquelle il n'a jamais gouté. Alors l'orphelin assoiffé, qui n'en revient pas de gouter enfin l'eau claire d'une résurgence, se met à rêver de sa source. Cette source qu'il ne verra jamais, dont il ne boira jamais l'eau mais qui a existé, et qui coule peut-être encore quelque part, comme un trésor caché, il en rêve toutes les nuits.

Reprends un peu de mon eau, dit la résurgence dans son rêve.

Où est la source ? répond en écho l'orphelin.

Qui n'a jamais plongé son regard dans les pupilles d'un orphelin ne connait pas la signification du mot *tristesse*. Cette tristesse-là n'est pas soluble. Elle est inconsolable. Toutes les autres tristesses du monde sont des regrets. On peut toujours se consoler d'avoir perdu des choses qu'on a vécues. Celle de l'orphelin est une sorte de matière noire. Ce qui la constitue est invisible, il ne sait pas de quoi elle est faite. Il n'y a pas de visage, pas d'odeur, rien. Et pourtant elle est là.

Elle est inconsolable.

Dans l'étymologie du mot *orphelin* il y a *orbe*, qui a donné le mot *aveugle*. L'orphelin est bien celui qui ne peut pas voir ce qui le rend si triste.

Je me souviens de cet homme au regard clair qui buvait car jamais il n'avait pu surmonter sa tristesse. Il était orphelin. Il avait quarante ans et il pleurait comme un gamin qui a perdu ses parents dans un grand magasin. Nous étions face à face et j'étais là, impuissant, à le regarder pleurer. On ne peut pas dire ce n'est pas grave, ça passera. On ne peut pas dire je te comprends : il n'y a rien à comprendre.

On peut juste mesurer le vide au-dessus duquel cet homme a dû construire sa vie, et en pénétrant son regard on mesure à quel point ce vide est un trou noir.

Comme j'étais rempli d'amour, je pus lui en donner un peu, comme ça, imperceptiblement. Il me sembla alors que le trou noir l'engloutit d'un seul coup, comme s'il reconnaissait la nourriture vitale dont il avait besoin. Et aussitôt le vide se reforma.

Au pied du tour d'abandon, une femme hésitait. Il était déjà tard et la lumière des réverbères jetait à terre sur les pavés gris l'ombre de sa silhouette noire. Sa tête était le siège d'un indescriptible chaos. Elle avait accouché la veille d'un enfant qu'elle n'avait pas désiré. Mais cet enfant elle l'avait porté, et maintenant qu'elle le tenait dans ses bras, elle ne savait plus si elle pouvait l'aimer ou si elle le détestait.

L'homme qui l'avait mise enceinte était un menteur. Depuis plusieurs mois, il lui tournait autour en lui faisant mille promesses. N'était-il pas le fils d'un riche manufacturier dont les avoirs étaient bloqués, mais dont prochainement il tirerait tous les avantages ? N'était-il pas veuf depuis plus de huit ans et ne lui avait-il pas juré qu'elle était la première femme qui lui redonnait la folle envie d'aimer ? N'était-il pas élégant ? N'était-il pas convaincant ?

En repassant dans sa tête chaque étape de cette aventure, elle se remémora cet instant où son cœur chavira. La comédie de l'amour avait avancé toutes ses promesses et il ne lui restait plus qu'à y consentir. Quand enfin il se retrouvèrent au lit, elle eut envie de tout donner et se préoccupa si peu de son propre plaisir qu'elle ne s'étonna même pas de ne pas jouir. L'homme qui, lui, avait joui, prétexta un rendez-vous tôt le lendemain matin et s'en fut.

Elle ne l'avait plus jamais revu.

Un jour, dans les journaux, elle reconnut son prince charmant. C'était un escroc de bonne facture, schizophrène de surcroit, qui se faisait passer un jour pour un médecin, un autre pour un notaire, un autre jour pour un riche héritier. Il avait fréquenté les plus beaux quartiers de la Santé, et d'après la presse était en passe d'y retourner.

Elle pleura beaucoup car elle n'avait jamais aimé personne d'autre, mais pleura plus encore quelques semaines plus tard, quand elle apprit qu'elle était enceinte.

Ne pouvant se confier à personne, elle porta son enfant comme elle put, ne sachant pas ce qu'elle déciderait.

Maintenant qu'elle le tenait dans ses bras, sans trop d'argent et sans père, elle était désespérée. Cet enfant sera malheureux, pensa-t-elle, et puis quand il connaitra son histoire, il me jugera.

À cette pensée d'être jugée sans jamais pouvoir revenir en arrière, une angoisse morbide la submergea et, à cet instant, elle crut qu'elle devait mourir. Elle rédigea un petit billet sur lequel elle écrivit ce mot : « pardon ». Elle ouvrit le tour, déposa l'enfant dans le couffin du tourniquet, le fit tourner et sonna la cloche.

Un orphelin est né.

Le jeu

Jouons l'amour aux dés !
Double un, on se marie, double six on se quitte.
Joignant leurs mains pour ne faire qu'une seule paume, ils lancèrent les dés en riant.
Double six !
Nous avons tout perdu.
Elle éclata de rire. Ce n'était qu'un jeu.

C'est entendu, le jeu est d'abord celui de l'enfant. Et l'un des premiers jeux dont on se souvient est cette boite jaune et rouge aux encoches géométriques où il faut faire rentrer des cubes verts, des cylindres rouges, des triangles bleus et des étoiles mauves. Si les objets correspondent aux encoches, ils disparaissent dans la boite. Si les objets ne correspondent pas, l'enfant a le choix de changer d'objet, de s'obstiner, de choisir une encoche différente.

La volonté, l'action et le pouvoir sont pour la première fois convoqués lorsque nous jouons en couche-culotte sur le tapis de la salle à manger, avec comme seul enjeu le plaisir de faire. À ce moment-là le jeu est ce plaisir solitaire et décomplexé, le plaisir suffit à qualifier le jeu. Il n'y a pas encore de règle. L'autre n'est pas encore là. De cette expérience naitra peut-être, plus tard, l'idée que tout ce qui pourra être transformé en jeu sera forcément une source de plaisir.

Cette transformation, par le jeu, d'une action, d'une volonté ou d'un pouvoir en objet de plaisir va bientôt devenir une des principales opportunités de transaction avec l'autre.

Veux-tu jouer avec moi ? En offrant à bon compte l'opportunité de prendre du plaisir à plusieurs, le jeu devient un de ces modèles économiques les plus performants.

Plus on est de fous, plus on rit.

Ce faisant, il devient, par la même occasion, un des modèles de l'apprentissage et de la découverte de qui est l'autre. Car en libérant l'autre de toute responsabilité, il l'invite à se laisser aller, à se dévoiler, à montrer qui il est ou qui il voudrait être. Libre d'être un policier ou un voleur, libre de respecter les règles du jeu, libre de tricher. En offrant des rôles pour de faux qu'on peut librement interpréter au gré de ses envies, le jeu affranchit l'homme des fonctions qu'il endosse dans la vie réelle et lui permet en un éclair d'inverser, de bousculer les rôles à l'infini.

Le jeu anime la volte-face, et du même coup offre à la rupture un champ de possibilités qui au lieu d'être dramatique devient joyeux et réversible.

« Pan, tu es mort — non je ne suis plus mort », disent de concert les gamins qui se tuent et se re-tuent.

Le jeu, quoi qu'on en dise, suit une trajectoire bien particulière tout au long de la vie. Il est une sorte d'entremetteur entre le pour de vrai et le pour de faux. Comme si tout ce qui était intolérable ou hors d'atteinte dans la réalité devait basculer dans la sphère du jeu. La peur, la fortune, la violence, la chance, parce qu'elles sont pour de vrai imprévisibles, mais aussi parfois inacceptables, trouvent dans le pour de faux un espace pour exister raisonnablement.

Personne ne conteste le droit de tuer pour de faux. Le jeu, par un système de vases communicants, récupère tout ce que l'on ne peut pas vivre pour de vrai. C'est pourquoi sans cesse le jeu se nourrit de la vie et la vie du jeu. Et quand, dans l'intimité d'un corps-à-corps, le jeu s'invite, il devient vite un maitre de musique pour le désir. À ce moment précis, le jeu dévoile son propre jeu : il est une force orgasmique de la vie d'adulte. Mais ce jeu, loin de s'inscrire hors de la réalité, l'a mangée. Dans la confrontation permanente entre ce que je pense et ce que je sens, la sensibilité l'emporte haut la main et c'est comme si les couleurs devaient être plus fortes que les additions.

Le désir de sentir la vie déferle sans cesse sur celui de maitriser la vie. Pour cela il faut accepter d'abord de se laisser porter par la vague plutôt que de la fendre. Il s'agit de préférer donner à la mer le bordé de sa coque fessière plutôt que l'étrave tranchante de sa proue et de son taille-mer. Mais pour bien sentir les flots sans risquer la folie, dans ce monde désormais mis en équations, il ne sert à rien de connaitre la poussée d'Archimède ; pour mouiller ses cheveux, plonger son corps dans l'eau salée et se laisser porter par la vague qui sans cesse devient autre vague.

Faire du mouvement de l'eau et des fluides qui s'écoulent dans son corps une même onde de vie, tel peut être le dessein ultime d'une vie portée à l'infini par le jeu.

Pour un jour savoir jouer avec les vagues, il faut bien avoir étudié la carte des vents, celle des courants, avoir identifié les rives et les grèves pour ne jamais risquer de s'y échouer. Car la réalité, quand elle reprend le dessus, ressemble fort à un enlisement.

Qu'il soit celui de la reconnaissance sociale, de la propriété ou plus prosaïquement celui de l'assujettissement aux normes, il est cette mise en bière du mouvement de la vie au nom des principes plutôt que des envies.

Les envies n'ont d'autre origine que soi, alors que les principes naissent essentiellement de l'interaction avec l'autre. L'envie est la mère de tous les jeux, alors que le principe se pose en belle-mère de la réalité. Alors pour confondre les deux, en faisant du jeu une réalité ou de toute réalité un jeu, il n'y a que deux chemins : le génie ou la folie.

Entre la *Monomane du jeu* de Géricault, dont la folie creuse le rire sardonique, et le génie de Mozart, il y a le partage des eaux entre celui pour qui l'excitation du jeu est de gagner et celui pour qui l'ivresse de jouer avec les notes revient à mettre en musique les vagues.

Gagner est ce qui mène à la folie, quand jouer sans enjeu est ce qui ouvre au génie, car le cours du jeu est un affluent de la création. Pour s'en convaincre il suffit d'observer Léon Koelin-Leenhoff former sa bulle de savon. Devant le chevalet de Manet, il joue à former une bulle mais déjà il ne la regarde plus, car son regard se perd au loin. Il tente de comprendre ce que porte en elle cette bulle qui va éclater. Et déjà dans ses yeux on voit poindre un mélange de mélancolie et de poésie. Si la mélancolie l'emporte, il devra reformer des bulles encore et encore, et cette obstination à remplir le vide est la même que celle qui consiste à jouer pour tromper l'ennui.

Jouer pour tromper le temps, et se tromper de lieu : voilà où se situe le commencement de la folie.

En revanche, si la poésie l'emporte, une seule bulle suffira et le jeu sera cette balade innocente matinée de savon puis soufflée nulle part, qui s'évanouit pour mieux pénétrer l'imaginaire de Léon.

Le jeu, l'imagination, la poésie, la création, dessinent tous ensemble un des plus beaux chemins du génie. Le jeu, le gain, l'obstination, dessinent avec le pouvoir et les principes les murs sombres de l'impasse de la folie.

Habitude

Je me souviens de ma grand-mère, qui tous les jours, par habitude, levait un coin du rideau de la fenêtre qui donnait sur la rue Malsence, à Fives.
C'était toujours à peu près vers onze heures, avant de préparer le déjeuner.
Et puis un jour ma grand-mère est morte. Depuis, je continue à lever un coin du rideau vers onze heures. Sans rien voir. C'est plus fort que moi.

L'habitude est cette grande dame qui vous embrasse dans son grand manteau blanc. Il y fait bon, il y fait chaud et naturellement on ne bouge plus, de peur de sentir l'air frais du dehors venir nous piquer un peu la peau.

Cette grande dame au début n'a pas vraiment de visage. À peine la remarque-t-on. Elle se plante pourtant là, meuble parmi les meubles, ombre dans la lumière : diaphane, immobile, silencieuse, elle est cette silhouette un peu floue. Seul le moelleux de la doublure de son grand manteau est obsédant. Plantée devant la porte principale, elle garde notre maison. Pour sortir il faut oser la déranger, la prier de bouger un peu sur la gauche ou sur la droite. Et ainsi découvrir le chemin de la sortie. Quand, audacieux, on imagine un instant qu'on pourrait même l'assassiner pour ne plus être empêché, on se rend vite compte qu'on disparaitrait avec elle.

Car l'habitude, en bonne dame de nos commodités, sert avant tout notre confort de vie, et vouloir la faire quitter son poste de veille du « rien ne bouge » semble plus incongru encore que de manger avec ses pieds. Cette dame est donc bien une vraie moule. Comme celui de la moule, son manteau délicat sécrète peu à peu une coquille rêche, et comme la moule arrimée au rocher avec son pied, elle ne bougera plus.

Même si le caillou est inhospitalier, sombre et peuplé de prédateurs, il est le sien, et laisser couler dans son entre-deux-valves l'eau salée chargée de plancton sera toujours plus fertile que de lutter contre des courants.

Que l'on se sente chez soi en toutes circonstances, tel est le dessein de l'habitude, même si des favouilles partagent notre rocher. Et si une de ces bêtes finit un jour par nous manger, au moins elle est notre voisine. Ce que Tolstoï a parfaitement résumé, en écrivant : « Les êtres humains préfèrent souvent aller à leur perte plutôt que de changer leurs habitudes. »

Il n'est pas étonnant, soit dit en passant, que l'habitude soit un mot féminin. Car sa figure, quand on y réfléchit bien, est celle de la mère qui allaite et rassure. La première de nos habitudes est de revenir téter le sein de notre mère ou de retourner vers la tétine du biberon. Dès lors, il n'est pas exagéré de penser que toute habitude reproduira d'abord ce mouvement originel. Comme la tétée, l'habitude est compulsive, itérative et analgésique. Que l'on songe simplement au moment où l'on va mettre son réveil pour se lever toujours à la même heure, pour ensuite petit-déjeuner. On ouvre le même placard, on choisit le même bol, celui dont la couleur a fini par passer dans la machine à laver, puis le même café moulu, et quand enfin on porte ce bol à ses lèvres, c'est comme si nos lèvres retrouvaient le sein nourricier, et, osons le dire : l'habitude de boire son bol de café procure le même plaisir que la tétée.

Mais avant d'être un plaisir, elle est une nécessité. On a faim, on a soif. Savoir comment une fois pour toutes étancher sa soif et calmer sa faim justifie une fois pour toutes l'habitude. Parce qu'elle nous nourrit, elle ne prête pas à discussion.

Pourtant ce qu'elle exige en contrepartie, c'est, selon la triste expression de Maurice Rollinat, de nous soumettre à la rouille de sa servitude. Ainsi l'habitude dévoile un peu le mystère de son ambiguïté : d'un côté elle nourrit, de l'autre côté elle oblige.

Ce mouvement de balançoire qui consiste à revenir sans cesse vers son point d'équilibre a beau être maitrisé et permettre des amplitudes de plus en plus grandes, il n'est que le mouvement de la balançoire. Ce mouvement-là n'est plus le nôtre, et la balance nous ramène en permanence au même endroit.

Lâcher un instant les cordes de l'escarpolette, c'est s'extirper des forces de la gravité en faisant le pari de se retrouver en apesanteur, ou au moins de se réapproprier son propre mouvement. Mais chacun sait que sauter de la balançoire en mouvement, c'est prendre le risque d'une chute, qui peut blesser ou tuer.

On comprend mieux le sens des vers de René-François Sully Prudhomme, prix Nobel de littérature, quand il parle de la force de l'habitude :

« Et tous ceux que sa force obscure
A gagnés insensiblement
Sont des hommes par la figure,
Des choses par le mouvement. »

Au fond l'habitude a chosifié l'Humain en lui offrant trois balançoires :

Celle du droit, qui contraint l'habitude et transforme l'homme en sujet de droit en mouvement dans les strictes limites de la loi.

c'est le « ce que je dois faire » —

la balançoire devient la balance de la justice.

Celle de la religion, qui lui ouvre un espace spirituel et transforme le mouvement de l'esprit de l'homme en croyance et en espoir.
c'est le « ce que je peux espérer »
la balançoire devient la balance de la vertu.

Celle du travail, qui en convertissant l'habitude en *process* ou en normes fait d'elle une des conditions de la productivité : le mouvement devient celui de la chaine de production.
c'est le « ce que je vaux » —
la balançoire devient une boite de pesage.

Ces balançoires sont un peu celles de notre enfance ; le siège est cette pièce de bois usée qui nous colle si bien aux fesses à mesure que nous nous élançons ; et les cordes de chanvre sont ces bras imaginaires auxquels nous nous agrippons. Même si ces balançoires de l'habitude dictent nos mouvements, elles nous permettent au moins de sentir ou de respirer l'air qui nous entoure. Mais depuis peu une nouvelle balançoire inquiétante est apparue : elle n'a plus de siège, plus de cordes, et on ne sent plus l'air nous caresser quand elle nous met en mouvement. On ne sent plus que ce mouvement mécanique qui nous trimballe et nous oblige.

L'habitude est devenue algorithmique et virtuelle.

Alors il est temps de la lâcher, car ni l'amour, ni la poésie, ni le rêve ne sont des habitudes, et si l'habitude reste légitime pour nous nourrir, elle ne l'est pas pour nous faire jouir.

Le cul

Dis-moi que tu aimes mon cul.
C'est tout ce que je veux entendre.

Finalement la question du cul vint sur la table. Non pas comme un moment de vulgarité, ni non plus comme un moment d'hilarité mais bien, au contraire, comme un moment de soulagement. La conscience avait trouvé son méplat sur la toile cirée de la salle à manger, entre le café noir et les *canistrelli*. Comme un chat renversé sur le dos au soleil, elle était maintenant dans une position idéale pour pouvoir s'étirer calmement.

Mon interlocuteur n'avait pas moins de quatre-vingts ans, et il ne lui avait pas fallu moins de ses quatre-vingts années pour pouvoir en parler comme si de rien n'était.

Derrière lui, on pouvait voir une reproduction de *La Perle et la Vague* de Paul Baudry. L'écume menaçait de venir tremper les fesses d'une jeune Parisienne. Il trempait machinalement ses biscuits dans du vieux rhum. C'était un grand voyageur, et si l'on pouvait supposer qu'il connaissait le monde, on ne pouvait rien deviner de son intimité. Sa soudaine réflexion n'en était que plus intrigante, stupéfiante. Elle semblait naitre d'une ultime inspiration, et ce surplus d'oxygène qu'elle offrait à la conscience était suspendu à cette question : en avait-il assez fait avec son cul ?

En d'autres termes, maintenant que cette singularité anatomique pendait et fuyait son corps comme le temps avait fui son existence, la question essentielle devenait : en avait-il eu pour son argent ?

Certains tentent bien aux divers âges de la vie de remonter leur cul, à force de chirurgie, de prothèses ou d'exercices, comme on remonterait le temps en tournant en sens inverse les aiguilles de la comtoise. Mais c'est peine perdue.

Chacun sait que remonter le temps est une chimère. On ne rattrape pas le temps perdu et par voie de conséquence on ne rattrape jamais son cul.

Certes, comme beaucoup, il s'était marié avec une femme qu'il aimait et avait eu des enfants. Maintenant qu'ils avaient quitté la maison, il se retrouvait seul avec sa femme, qui s'éloignait depuis peu sur le chemin imprévisible de la démence.

Ce retour sur soi avait fait cesser une forme d'aveuglement, car c'était maintenant certain, la vie menaçait de l'abandonner à son tour. Et au cœur de sa conscience, il ne restait plus rien qu'un grand vide et le désir d'ultimes caresses qui pourraient venir s'y fixer, comme la lumière vient se fixer sur la rétine quand on ouvre les yeux au point du jour. Toujours est-il que pour la première fois de sa vie cette question du cul l'obsédait.

Il faut bien le reconnaitre, le cul est partout dans notre existence, et en même temps il est recouvert, caché, effacé.

De plus, nous ne pouvons bien voir que celui des autres. Le nôtre nous tourne définitivement le dos, et en étant la partie la plus exposée au regard des autres, il est aussi celle qui encourage les plus grandes lâchetés.

C'est parce que le lâche assène tous ses coups par derrière que le cul a concentré sur lui toutes les lâchetés de l'homme. Pourtant tout avait bien commencé. Il est impossible de s'en souvenir mais si l'on observe une maman avec son nouveau-né, elle l'allaite, le change et, presque immanquablement, à la fin de la toilette, elle lui embrasse les fesses.

Ce rituel est peut-être la survivance d'un archaïsme décrit chez les animaux, qui consiste pour la femelle, chez certains petits mammifères, à lécher les parties anogénitales de sa portée. Elle active ainsi les zones érogènes de ses petits. Sans ce léchage originel, ses petits ne jouiront jamais. Peu importe, me direz-vous, l'ordre animal, nous sommes des humains.

Certes. Il n'en demeure pas moins que nous abordons la vie, pour un certain nombre d'entre nous, que cela nous plaise ou non, en nous faisant embrasser les fesses.

Gageons que nous en gardons un souvenir particulier. Car très vite, après l'expérience de ces premiers baisers, le cul va être contrarié. Il va être emballé, momifié. Pire, il va parfois même être fessé.

C'est pourquoi le grand déballage au moment des premières relations sexuelles s'avérera délicat, confus, et va dès lors devenir une obsession.

Pas n'importe quelle obsession.

Elle sera d'abord celle du langage, de la langue.

Il n'y a guère que la langue française pour avoir, avec un même mot, choisi de plonger dans un même bain d'ambiguïté l'organe et la fonction. En associant le cul au sexe, la langue française a fait couler un bain sale, et il ne reste plus guère que le rire et la dérision pour s'en sortir proprement. Ni en italien, ni en espagnol et pas même en anglais le mot *cul* ne désigne autre chose que le derrière.

Il faut bien se rendre à l'évidence : le cul est un des mots de la langue française à avoir donné lieu au plus grand nombre d'expressions populaires. Et il est le mot qui ne rate jamais une occasion de dépasser notre pensée.

Sans faire l'étalage de toutes ces expressions, il y en a peut-être une qui embrasse toutes les autres.

« Tu as du cul »

Il existe dans cette analogie du cul et de la chance une porte ouverte sur l'essentiel. Le cul serait ce qui distingue celui qui a de la chance de celui qui n'en a pas, celui qui réussit de celui qui ne réussit pas, celui qui est heureux de celui qui ne l'est pas. Autrement dit, celui qui n'aurait pas de cul, au sens propre comme au sens figuré, serait condamné à emprunter les chemins détournés de l'argent, du pouvoir, de la ruse pour espérer se hisser à la hauteur de celui qui a du cul. De toute façon, on devine bien qu'il n'y arrivera jamais.

Celui qui a du cul inspire l'envie. Celui qui emprunte les autres chemins inspire la peur. On entr'aperçoit bien ce qui se joue ici. Dans la vie, il n'y a que deux chemins : le cul et la névrose. Si notre langue déborde de tant de références, c'est qu'on n'en finit pas de reculer avec son cul. Pour toujours les mêmes raisons.

Tout est peut-être dans cette réplique de Molière :

Couvrez ce sein que je ne saurais voir :
Par de pareils objets les âmes sont blessées,
Et cela fait venir de coupables pensées.

Certes Molière avait choisi le sein, mais il aurait pu choisir le cul. Et alors que maintenant les seins se sont largement découverts, le cul, lui, reste majoritairement caché, et il continue à blesser et culpabiliser.

Quand un peu plus tard, dans le film *Les Galettes de Pont-Aven*, Jean-Pierre Marielle n'en revient pas de ce cul qui s'offre à lui et que soudain il veut le peindre de toutes les couleurs, il joue à peine. Sa joie pourrait être la nôtre. Il dit vrai et c'est pour cela que tout le monde l'envie. Car cette joie est celle de l'homme-artiste qui sait qu'il peut féconder pour créer la vie. Mais cet émerveillement cache une autre réalité. Le cul est un trésor. Et il faut avoir l'esprit de conquête pour en dénicher un. Parce que tout le monde ne peut pas être Jim Hawkins ou Long John Silver à bord de l'*Hispaniola* en route pour l'île au trésor, le cul demeure pour ceux qui restent à quai un objet de désir, qui se rabougrit en objet de frustration. C'est pour cette raison qu'il finira parfois par attiser la haine.

Qu'est-ce qu'il a mon cul ?

Entre celui qui montre son cul et celui qui le regarde, il y a un étrange dialogue et une responsabilité partagée.

Dans cette conversation qui s'engage, il y aura toujours, en reprenant l'expression de Marcel Proust, la porte d'or de l'imagination et la porte basse de l'expérience.

Le vieux monsieur de quatre-vingts ans pensa qu'il n'était pas encore arrivé au bout du chemin et se mit en quête de la bonne amie.

Il était temps de reprendre ses fesses à pleines mains.

Admirer

Plus que tout, elle l'admirait. Il lui semblait qu'il lui suffisait de devenir perméable à sa force et à son intelligence pour qu'une énergie particulière vienne ruisseler dans tout son corps et son esprit.
Une sorte de métamorphose débutait.
Dans ces moments-là, elle ressentait qu'elle pourrait accoucher d'un monstre ou d'un dieu.
Et qu'il en jouirait.

« J'ai besoin d'admirer, c'est plus fort que moi. » En faisant de l'admiration un besoin et en même temps une force, ces paroles familières trahissent la vraie nature et le vrai dessein de l'admiration.

La vraie nature, d'abord. Ce qu'on admire a beaucoup à voir avec l'eau, l'admiration est une transfiguration de la soif. Ce que nous admirons est à même de nous désaltérer. Le vrai dessein, ensuite : l'admiration ne va ni à l'objet ni à la personne, elle va au secret de sa force, de sa puissance. C'est pourquoi nous pouvons admirer des morts ou des choses, pour autant qu'ils ou elles puissent, à travers leurs œuvres ou leurs présences, délivrer le secret d'un pouvoir.

Que cette force soit celle de l'amour, et l'admiration ira aux sentiments ; qu'elle soit celle du savoir, et elle ira aux connaissances ; qu'elle soit celle de l'argent, et elle ira à celui qui possède ; qu'elle soit celle de l'esthétique, et elle ira vers le beau.

Dans cet élan vers une force, l'admiration veut toucher au but. Elle est une sorte de transport de soi en dehors de soi qui veut ramener quelque chose à soi. Elle révèle une volonté de communion entre son essence et une autre essence. Jetée à corps perdu dans le vide de l'entre-deux, elle est cette tension physique qui nous échappe pour cheminer dans l'espace à la manière d'un rayonnement vers notre cible.

L'admiration s'apparente donc à une énergie, à une sorte d'arc électrique qui jaillit de l'admirateur vers l'admiré. Comme un arc électrique, l'admiration vient relier deux énergies dont la différence de potentiel vient de la différence entre le plus faible — celui qui admire — et le plus fort — celui qui est admiré. Comme pour la naissance d'un arc électrique, tout commence par une ionisation de l'espace, qui isole l'admirateur de l'admiré. Dans notre affaire, on peut imaginer que cette excitation de l'espace nait de l'insupportable distance qui sépare celui qui ressent la soif de celui qui apparait comme une source capable de l'étancher.

En admirant, le plus faible va se rapprocher du plus fort. Plus l'admiré est loin, plus l'excitation nécessaire est grande et plus l'énergie pour y accéder semble réclamer que l'on se consume tout entier. Jusqu'à la soumission. Je donnerais tout pour être comme lui, je donnerais tout pour posséder son œuvre.

L'envie et la jalousie, toujours en embuscade.

Mais revenons un instant au point de départ de l'admiration et à l'excitation première ressentie pour celle ou celui qu'on admire. Cette excitation, au départ, est un étonnement. Or en vieux français, être étonné, c'est être frappé par la foudre. C'est d'abord cela l'admiration : un coup de foudre. Voilà pourquoi l'admiration est un sentiment aussi familier pour ceux qui aiment. François Truffaut ne dit pas autre chose quand il écrit : « Vous savez, l'amour et l'amitié, ça marche avec l'admiration. »

Mais alors que devient cette énergie de l'admirateur quand elle se met en mouvement ? Quelle est sa véritable nature ? Si l'on reprend l'image de l'arc électrique, on peut lui supposer trois propriétés : celle de rayonner, celle de réchauffer et celle enfin de transformer. On n'est effectivement pas très loin de ce que peut ressentir un être qui admire. Son admiration est bien une forme de rayonnement qui s'apparente à la joie, et cette joie lui fait chaud au cœur. Mais ce qui est extraordinaire, c'est que ce réchauffement du cœur et ce rayonnement annoncent une véritable transformation de l'âme.

Peut-être l'admiration est ce mouvement de l'esprit qui nous relie le plus à notre condition d'être solaire. Cette admiration dont on perçoit qu'elle peut mener à une sorte de transe est peut-être une des formes de communication avec l'univers. On serait même tenté de dire avec Dieu.

Si, comme le souligne Guy Godin dans son étude sur l'admiration, il revient à Aristote d'avoir affirmé que c'est l'admiration qui a poussé les premiers hommes à philosopher, on peut dès lors s'avancer à dire que c'est l'admiration qui a poussé les hommes à croire.

Parce que les premiers hommes ont admiré le soleil, ils en ont fait un de leurs premiers dieux.

L'admiration finit toujours — que l'objet ou le sujet admiré semble à portée de main ou inaccessible — selon deux occurrences : la soumission et le vol.

Dans les deux cas, posséder sera la mécanique finale. Soit l'admirateur, sans forcément le savoir, se transforme en voleur pour arracher et posséder le secret, soit il acceptera de se sentir possédé par celui ou celle qu'il admire, et ce sera la soumission.

L'admiration est donc tout sauf innocente.

Il est une admiration qui n'atteint jamais son objet, et ne se soumet pas. Celle du musicien. La plus pure. Elle est universelle. Quand tel interprète joue Bach, ce que révèle son expression ne se limite pas à un sentiment de plaisir ou à un effort de concentration.

Ce qui se lit sur son visage est une forme de transe, et cet état où le porte l'admiration est celui du sentiment océanique.

L'existence à contresens

Cela faisait maintenant plusieurs heures qu'ils avaient cessé d'exister. Le glouglou de la rivière peu à peu avait tout emporté. Il ne leur restait plus à entendre que les battements de leurs cœurs, le bruit de l'eau qui s'écoule et les mésanges zinzinulant.
Jamais ils ne s'étaient sentis aussi vivants.

Mais bon Dieu, qu'est-ce qu'on fout sur terre ?

La peau parcheminée par tant d'années données au soleil de l'adret, le vieux berger n'en revient toujours pas. Il me fixe, hausse les épaules, secoue la tête et repose à nouveau sa question : mais bon sang, qu'est-ce qu'on fout sur terre ?

Il insiste.

Comme pour être sûr d'être bien entendu, il se redresse un peu pour mieux fixer mon regard. Dans l'iris de ses yeux se dessinent des lignes de crêtes en gypse livrant, en contrebas, des ubacs sombres couleur anthracite. Toutes les pierres de la terre s'y sont fixées : l'ocre des sols argileux découvre par endroits, en pente douce, des arêtes vert émeraude qui disparaissent dans le précipice de sa pupille noire.

Je reste silencieux.

Je suis sidéré par la minéralité de son regard.

Il laisse retomber ses paupières, faisant tomber la nuit sur son théâtre de roches, soupire un peu et fait mine de comprendre.

Jamais il n'aura de réponse.

Mais en a-t-il besoin ?

Assis sur le bord de son lit, sans brebis, sans border collie, ses yeux tristes contemplent ahuris le décor de sa nouvelle vie dans cette petite pension pour vieux : quatre murs, un fauteuil, un lit en cent-quarante, et le silence.

Il ne reste plus rien. Toutes ses pierres précieuses se sont transformées en cailloux.

Pour la première fois, il s'interroge sur l'existence, lui dont la vie avait un sens qui suivait les saisons et que suivaient les moutons. Dans cette vie-là, le Tout semblait une danse.

Dans cette danse, il était tour à tour l'herbe des alpages qui pousse folle et grasse, la laine qui boucle, le lait de brebis qui coule, la tomme qui égoutte, le soleil qui rayonne, et puis l'orage qui tonne. La vie c'était cela, oublier qu'on est un homme et trouver sa place dans la chorégraphie du Tout de la nature. Rester en soi avec le Tout.

Ce Tout l'illuminait d'une lumière plus intense que celle du soleil. Rien d'autre que le loup ne venait le menacer, rien d'autre que le loup ne méritait qu'il pense. Quand le soir mille étoiles illuminaient le ciel de Provence, la fraicheur de l'air invisible venait encore taquiner son corps en lui empruntant le temps d'une nuit un peu de la chaleur de sa chair.

Alors une ligne de vie imaginaire venait souligner l'accord parfait entre ce qu'il était lui et ce qu'était le monde : une manière de chaud-froid.

Malheur à celui qui sort de la danse et pour qui l'existence soudain devient cette expérience douloureuse et angoissante. Car l'absurdité de l'existence repose toute entière dans ses deux premières lettres : EX.

Ex, comme extraire, exproprier, expulser, exciter, extraordinaire, exaltant.

Sortir de la danse, c'est à proprement parler expulser, exproprier, expulser le soi de la nature, avec cette idée folle qu'on peut grandir en prenant ses distances avec elle et toucher à l'extraordinaire. Or, ce qui à l'origine fait naitre l'homme, c'est ce qui lui donne sa place dans l'ordre de la nature. Cette place qui est la sienne peut ne pas lui plaire. C'est quand il refuse d'admettre qui il est et où il est qu'il ouvre le chemin de l'existence et prend le parti ou le pari de se quitter.

Exister, c'est sortir de soi et prendre le risque de ne plus jamais se retrouver.

Ainsi, quand le berger se voit assigner une nouvelle place hors la nature, une nouvelle existence surgit. Et l'absurdité aussitôt s'abat sur lui. Les sources ont laissé place aux robinets. L'eau des rivières emprunte désormais des tuyaux de plomb.

Il suffit pour comprendre notre berger de dessiner une droite, dont le point de départ serait la nature sauvage et l'autre extrémité la civilisation. Sur cette droite, on peut présupposer que l'homme jouit dès l'origine d'une place singulière dans le règne du vivant. Il se trouve à quelques centimètres à droite, mais il peut bouger. Il sait créer des outils. Cette singularité lui donne le choix : regarder derrière lui ou devant lui, venir effacer cette exubérance en modifiant la nature ou la sacraliser en la protégeant.

Il peut faire le choix de réintégrer le Tout ou de le dominer. En choisissant de réintégrer le Tout, il fait disparaitre la question du sens de l'existence.

En revanche, s'il choisit de dominer le Tout, il doit d'abord s'en extraire. Ce mouvement d'extraction va transformer sa vie en existence. Désormais spectateur à distance de la vie et de la nature, l'homme arraché au Tout espère trouver dans la domination du monde et du Tout ce qu'il ne comprend pas et ce qu'il ne domine pas en lui.

L'homme qui s'éloigne ainsi sent bien qu'il circule à contresens, mais il se plait à croire que ce chemin le mène à Dieu et qu'à défaut d'être lui-même, il sera un demi-dieu.

Le progrès qui sert cet éloignement nourrit une confusion mortelle entre la modernité de la vie et une supposée modernité de l'existence. Parce que la vie serait meilleure, l'existence de l'homme serait moins absurde.

Évidemment, il n'en est rien.

Bien au contraire. Dans cette confusion, le besoin d'exister vient se substituer à son insu au sentiment d'être bien avec soi.

Si le sentiment d'être soi ne doit rien à la modernité, le besoin d'exister est un symptôme de la modernité.

Dos à la nature, le progrès dans le baluchon, en quête d'un autre que lui-même dont il ne sait même rien, l'homme délaisse la danse du Tout pour une sorte d'expédition qui le conduit à faire décoller des avions sans se rendre compte que l'air en devient crasseux, et que les premiers à en mourir sont les papillons.

Dans ce mouvement d'exaltation, l'homme, celui qui existe, détruit avec excitation le monde en allant sur la Lune quand, quelque part sur terre, il reste ces hommes ordinaires qui continuent à vivre et à rêver en regardant la lune.

Le petit Là

Ce paysage était semblable à beaucoup d'autres. Un ciel, des arbres, et une légère brise qui poussait les nuages. Pourtant il ne lui semblait pas avoir déjà observé de telles couleurs.
Et pour la première fois le vent puisait son souffle dans sa respiration, de sorte que quand elle expirait, c'était elle maintenant qui faisait glisser les nuages.
Elle n'était pas là pour rien.

On a tous un petit là.

Le premier petit là est ce lieu où pour la première fois on ressent l'impression d'être au bon endroit. Pour une fois, on voudrait ne plus bouger, ne plus partir.

Ce petit là est une évidence. Plus qu'un chez soi, il est pour soi.

Dans ce petit là, une lumière singulière transforme mon regard en faux miroir ; je vois.

Dans ce petit là, la brise qui souffle alentour s'engouffre à chaque inspiration pour venir rafraichir les battements de mon cœur ; je respire.

Dans ce petit là, une mélodie aux notes inconnues s'invite au creux de mon oreille ; j'entends.

Et puis il y a cette odeur qui peut être celle des embruns, du foin mouillé ou bien encore celle de la sueur de mon corps, ou du goudron d'une petite cour dans l'angle de laquelle, à l'abri des regards, on donnera son premier baiser ; je sens. Il n'y a pas toujours quelque chose à y gouter. Mais qu'importe, je salive. J'ai faim. Car ici, je sens que je suis vivant.

Le petit là est coquin car il aime nous prendre par surprise. Comme un réveil le matin, il nous tire des grands sommeils de la vie : le sommeil de l'indifférence, celui de l'ennui, le sommeil du renoncement, celui du dépit, le sommeil de la déshérence, celui de la mélancolie, que sais-je encore. L'important n'est pas qu'il nous sorte de tel ou tel sommeil : l'important est qu'il libère notre soif d'allégresse.

Souvent, au principe du petit là, il y a ce désir vague de bonheur, ce rêve enfoui qu'un jour un lieu, par sa seule magie, pourra nous rendre heureux. Tant de lieux que nous ne choisissons pas nous rendent malheureux. Ceux où il faut obéir, ceux où il faut mentir, ceux où il faut jouer la comédie ou se cacher. Le petit là, lui, est le seul lieu à s'accommoder de notre nudité. Il fait toujours bon être à poil dans l'enceinte du petit là.

Avant même de le trouver pour la première fois, on scrute l'horizon comme un prisonnier du corps et de l'esprit : la ligne d'horizon est alors la seule droite qui n'est pas un barreau. Au-delà de cette droite, qui est l'infini, on ressent une espérance. L'espérance de trouver un endroit où reposeront nos états d'âme. C'est cela la structure primitive du petit là : un petit cocon d'âme. Le miracle du petit là, c'est qu'il n'est jamais si loin. Seulement voilà, souvent nous ne le voyons pas, car nous aimons admettre l'idée que tout ce qui nous rend heureux est forcément distant.

Alors, quand il surgit pour la première fois à côté de nous, on a envie de lui dire « que fais-tu là ? ». Mais il est alors trop tard, car notre esprit et notre corps ont déjà tiré sans attendre leur révérence pour laisser la place au bonheur. L'âme est entrée en scène. Elle s'avance et porte la félicité.

Le petit là emprunte les mêmes raccourcis que le coup de foudre. Comme l'amour, il vient d'un coup. S'il ne sert à rien de vouloir aimer pour tomber amoureux, il est vain de désirer son petit là pour le trouver. Les petits là prémédités sont comme les histoires d'amour que l'on achète. Ce sont des résidences secondaires de la tristesse. L'âme heureuse ne s'y risque jamais. Le vrai petit là, au contraire, est l'antichambre du sentiment amoureux. Comme l'âme y porte déjà la félicité, elle n'attend plus que l'amour. Car tout ce qui est beau en nous y est à l'aise. Et dans ces nouveaux appartements du soi, rien n'est à la fois moins anodin et plus universel que l'accouplement de son grand soi avec le petit là. Cet accouplement est comme un premier sentiment fusionnel avec ce qui nous est étranger. Excepté que cette fusion n'intervient pas pour le moment entre deux êtres, mais entre un être et un espace-temps.

En somme, il est une première expérience du Tout, un instant d'harmonie parfaite entre soi et un petit bout d'univers qui consent à nous embrasser. Le petit là est ce baiser de l'univers. Mine de rien, c'est peut-être cela, le petit là : un éveil au sentiment universel, autrement dit la conscience fugace d'être un instant à sa place dans l'univers. Mais bientôt ce petit là nous dépasse et nous révèle son autre secret : il peut aussi bien être un lieu qu'un instant. Il brouille les dimensions. Le petit là est, sans que nous y prêtions attention, une porte d'entrée vers l'éternité.

On comprend mieux que certains petits là aient été pour les prophètes une fenêtre sur l'au-delà. Comme des trous de ver de l'esprit et du corps, les petits là ouvriraient un passage vers les grands là. Quand Lamartine navigue sur le lac du Bourget, il trouve lui aussi son petit là, et voilà pourquoi il peut y suspendre le vol du temps. Il ne tient qu'à chacun de trouver son lac pour gagner l'éternité.

« Et toi, quel est ton petit là ? L'endroit où pour la première fois tu t'es senti heureux ? » aurait pu demander le Petit Prince au renard. Aussitôt évoqué, le petit là allume le regard, libère l'expression du visage, accouche un sourire. C'est l'âme heureuse qui s'avance au balcon, sûre d'être au bon endroit.

La note sensible

Par hasard, un étranger croisa leur chemin et les salua en silence.
Puis il se présenta poliment à voix basse. Il était compositeur de musique et venait trouver dans la nature de nouveaux arrangements.
Je ne vous connais pas, dit-il, mais je vous aime déjà.
C'était sa note sensible.

Écouter un musicien nous expliquer ce qu'est la note sensible ressemble comme deux gouttes d'eau à suivre un cours d'algèbre.

Il nous apprendra d'abord que la note sensible peut être n'importe quelle note. La sensibilité de la note ne tient pas à son identité. La sensibilité n'est pas l'affaire d'un type de personnalité. Elle est le cœur de toute personnalité.

Le *do* comme le *fa* peuvent se faire sensibles.

Mais le musicien nous révèlera aussi que cette note sensible est attirée par une note tonique, et que cette attraction emmène la musique quelque part. Dans ce sens, la note sensible ne peut exister sans un écho qui lui donne une direction, un sens, une destination. C'est le lien entre les deux notes qui dirige la musique dans un sens ou dans un autre. Comme un point associé à un autre point permet de dessiner une droite.

Excepté que ce lien musical porte une énergie, une force, et transforme une rencontre particulière en chef-d'œuvre. Sans cet accord entre la note sensible et la tonique, la mélodie pourrait se perdre, s'éparpiller, se disperser. En un mot, la mélodie pourrait devenir grinçante, bringuebalante. L'accord entre la sensible et la tonique oblige la musique comme elle l'éclaire.

Elle lui donne vie.

Comme une mélodie ou une musique, nous ne pouvons ignorer notre note sensible, ce point d'inflexion mystérieux de notre personnalité qui nous emmène tout droit vers notre destin. Malgré nous. Car cette note, nous ne la choisissons pas, elle est en nous. Et comme dans une partition de musique, cette note sensible n'a aucun sens si elle reste isolée. Nous ne pouvons rien sans l'autre.

Derrière le « tu es comme ceci » ou « tu es comme cela » se cache en profondeur son secret. Chef de quart de notre destin comme de nos amours, la note sensible guette sans cesse la tonique qui la fera vibrer. Il nous appartient de veiller à ce que notre chef de quart ne quitte jamais la passerelle et qu'aucune note tonique ne lui échappe pour que notre vie ne perde une occasion d'être une mélodie. Quand enfin la rencontre a lieu et qu'une vibration nous parcourt, nous découvrons que nous sommes traversés par des cordes. Nous nous découvrons instruments à cordes, et cette analogie avec les cordes de l'univers a quelque chose de bouleversant.

Évidemment, cette vibration n'a rien de moral, car ce qui fait d'elle par définition une suite de sons agréables et reconnaissables, c'est qu'elle permet d'exprimer celui ou celle que nous sommes vraiment. Peu importe que notre corde sensible porte une qualité ou un défaut, elle est et sera ce qui éveille notre désir. Le désir ne se commande pas, ne s'organise pas. Au contraire, il nous commande et organise notre personnalité. Qu'il y ait une symphonie du criminel comme il existe une mélodie du poète ne doit pas nous étonner. Si une morale est nécessaire, c'est bien parce que la musique intérieure de l'homme peut déborder sa volonté, sa raison. Que la collectivité nous impose une morale de l'action est bien compréhensible. Qu'elle nous impose une morale du désir est beaucoup plus contestable. Car cette morale prétend substituer aux cordes sensibles des synthétiseurs.

Chacun a bien le droit de vouloir tuer qui il veut s'il ne le tue pas en fait.

Bien sûr, l'exemple peut paraitre ici choquant, mais il est bien plus choquant encore de vouloir sectionner une corde sensible, car cela revient à nier ce qu'est l'homme. Or nier ce qu'est l'homme, c'est ouvrir la porte au totalitarisme et à l'eugénisme. Comme le fait remarquer Hannah Arendt, ce qui caractérise l'homme de masse, c'est « l'isolement et le manque de rapports sociaux normaux ». Ce à quoi on pourrait ajouter que ce qui caractérise l'individu social, c'est son aptitude à accorder sa note sensible avec la note tonique d'un autre, pour faire vibrer ses cordes.

Vouloir diriger les notes et confondre l'harmonie avec l'uniformité est le plus grand danger qui nous guette. Chacun devrait pouvoir rester libre d'exprimer publiquement sa note sensible sans crainte d'être jugé. Jouer de la musique n'a jamais nui à personne et chacun a le droit de se boucher les oreilles. Après tout, des criminels peuvent bien s'entendre entre eux.

Mais le musicien ne doit jamais être censuré.

Notre époque en vérité n'aime pas beaucoup les musiciens. De nouvelles morales surgissent et tentent d'imposer de nouveaux solfèges. Guido d'Arezzo a inventé les notes au service de la religion, dans l'espoir de servir une propagande avec les chants. Il ne se doutait pas alors que ce solfège servirait des siècles plus tard des techno parades et des chorégraphies transgenres.

Une corde qui vibre naturellement sera toujours plus puissante que des coups d'archet. Et nos archers des temps modernes ne doivent pas se bercer d'illusions. Les notes sensibles finiront toujours par prendre l'avantage.

La note, la corde et le désir construisent nos rêves et sont notre liberté. Comme le nuage qui s'élève au-dessus de la coupe de champagne de Magritte, les rêves nous porteront toujours vers l'endroit où nous voulons tous aller : vers les grands là du bonheur.

Orgasme

C'est le seul moment où je ne pense plus à rien.

Nous sommes tous des enfants de la pénétration. Pour autant il serait hasardeux de penser que nous sommes tous des enfants du plaisir. L'idée qu'à l'origine de notre naissance il y ait eu un simple emboitement mécanique ou au contraire un orgasme peut tout changer. Car dans un cas nous procédons d'un mouvement de piston qui s'apparente à celui du moteur à explosion quand, dans l'autre, cas nous pouvons espérer procéder de la même énergie que celle de la création de l'univers.

Par chance notre conception reste mystérieuse. Nous sommes libres d'écrire le début de notre histoire comme bon nous semble : celui d'une irruption jouissive dans le champ de la vie ou celui d'une opération purement mécanique et biologique.

Dès l'origine, il est donc possible de poser l'hypothèse d'une création par l'émotion plutôt que par la motion. Mais en vérité peu de gens s'imaginent en enfants du plaisir. Les mouvements du corps ont souvent le dernier mot sur les transports de l'âme.

Pourtant on sait maintenant que les premiers êtres humains étaient dans l'impossibilité physique de procréer sans orgasme, car c'était l'orgasme qui déclenchait l'ovulation.

Que l'évolution ait dissocié l'orgasme de la reproduction pour en faire un évènement autonome en dit long sur le plaisir. Le plaisir, fût-il orgasmique, était trop aléatoire pour assurer à lui seul la survie de l'espèce. La Nature a donc admis la possibilité d'une reproduction sans plaisir.

Pour autant, enchanter le début de son histoire ne coute rien et peut tout changer : il suffit de ressortir l'album de ses premières photos. Car nos parents sont le plus souvent muets. Et seul l'orgasme qui transforme les premiers sourires en arcs-en-ciel est susceptible de nous faire un clin d'œil.

Mais où voulons-nous en venir et qu'est-ce que tout cela peut bien changer ?

La question est d'importance, il est permis de douter que le chemin de l'enfant du moteur à piston soit le même que celui de l'enfant du big bang. Et je me plais à penser que l'enfant du plaisir vivra en poète du monde sensible quand l'enfant de la pénétration sera obsédé par la rationalité et la congruence du monde. Bien sûr, l'idée même de cette inégalité des trajectoires aura ses détracteurs. À quoi cela sert-il de suggérer une nouvelle inégalité ? Le plaisir peut-il être une ligne de partage pour l'humanité ? Que peut vivre l'enfant du plaisir sans la rationalité de l'enfant de la pénétration ? Et la cigale, et la fourmi ?

Si l'idée même de cette inégalité peut être dérangeante, c'est qu'il est toujours plus facile d'assumer le résultat d'une opération mathématique qu'une émotion. Pourtant se désoler que l'orgasme puisse jouer un rôle majeur dans la transmission de la vie revient à accepter qu'il y aurait un mur de l'émotion au moment de la fécondation. L'émotion donc ne se transmettrait pas. Nos premières cellules seraient en quelque sorte insensibles aux branle-bas du plus grand des plaisirs de l'espèce.

Improbable, absurde même.

Naitre d'un orgasme doit changer la donne, et celui dont la première expérience orgasmique est congénitale est celui qui en toute logique peut sans crainte revenir vers ses origines. Car à tous les coups il reviendra vers le plaisir. L'orgasme sera toujours en lui. Il sera une inscendance. Tout en empruntant le chemin du retour sur soi, il sera, selon la racine latine *inscendo*, une escalade, une montée vers...

Pour les autres le retour au soi originel sera peut-être angoissant, car vide de toute émotion. L'orgasme sera alors un ailleurs spéculatif et incertain, car il n'existera qu'à travers l'autre.

Mouvement en dehors de soi, il relèvera plus d'une forme de transcendance. Or si l'orgasme en soi — simple retour sur soi — ne demande aucun effort, l'orgasme en dehors de soi, lui, est plus difficile à concevoir, à obtenir.

De consubstantiel, il devient conditionnel et concurrentiel. Rien ne garantit jamais qu'on l'obtiendra un jour. Pour cette raison on peut aller plus loin : il peut être obsédant pour l'enfant anorgasmique de construire un nouveau monde tout entier dédié à son plaisir, quand il est naturel pour l'enfant orgasmique de jouir du monde tel qu'il est.

On comprend mieux alors que puisse surgir pour certains la tentation de faire feu de tout bois, quitte à prendre le risque d'aller vers des orgasmes de substitution. Il y a bien des orgasmes de la méchanceté, de la domination ou du viol. La différence, c'est que le pervers narcissique ou le violeur vivent leurs orgasmes sur le dos de leurs victimes. L'orgasme, alors, au lieu de donner la vie la reprend. Il peut mener à la guerre. C'est pourquoi l'enfant du plaisir nait du même coup avec une responsabilité immense, celle de donner du plaisir au Monde. En un sens c'est la mission de l'artiste. Prince de l'orgasme, il est sans le savoir un prince de l'univers. Pour lui, nul besoin de fusée pour aller dans l'espace. Son horizon n'est pas d'habiter Mars en 2040 mais d'être partout où il le désire tout de suite. La technique lui importe peu, car ses émotions le portent là où il veut.

Et son plaisir à lui vaut création de plaisir pour les autres.

Quand l'orgasme précède la création, alors, en retour, on peut espérer de toute création un orgasme. Le créateur est alors un jouisseur, ou pour le moins il souhaite jouir et faire jouir. Dans cet élan, on peut penser que celui qui s'approprie une création cherche en fin de compte à s'approprier une jouissance.

L'art religieux, aussi surprenant que cela puisse paraitre, va dans la même direction : que l'expression d'un visage orgasmique ait inspiré Bernin pour illustrer la *Transverbération de sainte Thérèse d'Avila* doit nous interpeller. L'orgasme physique, parce qu'il est intimement lié à la création de la vie, peut nous ramener vers Dieu. Il n'est bien sûr pas question ici de prendre position sur l'existence ou non de Dieu, mais seulement de constater, à travers cette œuvre, que l'orgasme permet en sens inverse de retrouver, sur le chemin de la création, sa dimension transcendantale. Entre inscendance et transcendance, le plaisir est bon à prendre par tous les bouts.

Mais revenons à l'essentiel : imaginer la rencontre des gamètes dans un bain orgasmique est plus réjouissant que la représentation d'une simple soupe biologique. L'énergie orgasmique semble quoi qu'il en soit bien trop forte pour se perdre en route.

Il vaut mieux faire le *pari* que nous sommes issus d'un bain magique plutôt que d'une soupe de vermicelles.

Aimer

Le désir n'avait maintenant plus rien à voir avec leur amour. Quelque chose de plus fort et de plus beau les transportait. Le petit inventaire était terminé.
Et comme cette beauté et cette force étaient invisibles, l'amour, c'est certain, pouvait bien sans crainte les rendre aveugles.

Peut-être vaut-il mieux pour vivre l'amour laisser battre un cœur simple. Cette expression, qui a inspiré à Flaubert un conte, est à prendre plus au sérieux qu'il n'y parait.

Le fait que Flaubert ait choisi pour personnage principal Félicité fait un peu trop écho à cette phrase de l'Évangile de saint Matthieu : « Heureux les simples d'esprit [...] ».

Félicité, parce qu'elle est simple, nous dit Flaubert, peut ressentir le bonheur d'aimer même un perroquet. L'Amour, nous suggère-t-il ici, peut, dans sa plus simple expression, s'affranchir de la réciprocité et de l'intelligence.

Autrement dit, il ne saurait être réduit à une transaction des sentiments, et se joue volontiers des manœuvres de la rationalité. C'est pourquoi il est possible d'aimer sans compter, à en perdre la raison.

L'amour a très tôt été illustré comme le feu des émotions et Cupidon, avant de tirer des flèches d'or de son carquois, portait une torche pour embraser les cœurs. Derrière cette image du feu, puis des flèches, il y avait cette intuition que l'amour, comme une brulure ou une blessure, pouvait tuer.

Le feu peut tout consumer, de même que la flèche d'amour se plante dans un cœur qui va saigner, avant de cesser de battre.

Perçu comme un danger, l'amour va logiquement prendre ses plus beaux quartiers au cœur des drames et de la tragédie. Il ne cessera d'exhiber des cadavres. Roméo et Juliette meurent, Pyrame et Hémon se suicident. Orphée et Eurydice trépassent. Thisbé et Antigone clamsent, Tristan et Yseult calanchent. La liste ne finira jamais. « Il est plus facile de mourir que d'aimer », écrira plus tard Aragon.

Ainsi aimer sera d'une certaine façon jouer avec le feu et prendre le risque de périr par les flammes. Pourtant chacun sait qu'il y a des amours flamboyants qui ne s'émoussent jamais. Il y a donc bien un secret de l'amour comme il y a un secret des coupeurs de feu.

Pour s'en approcher, il faut peut-être laisser résonner en soi cette expression populaire : « l'amour l'a transformé ». L'être aimant ou aimé se transforme. Il échappe au feu en devenant lui-même une flamme.

L'amour est un changement d'état dont la forme la plus aboutie serait une métamorphose.

Comme la larve se mue en papillon, l'être amoureux déploie ses ailes et peut s'envoler là où il veut.

Quand la glace d'une comète se sublime en vapeur d'eau, le cœur terrestre raisonnable se sublime en vertu poétique universelle.

Cette sublimation implique toujours d'abord un débordement de l'esprit. Comme la rivière en crue, augmentée par les pluies torrentielles, l'amour gonflé par l'orage des émotions quitte le lit des volontés et du contrôle de la raison.

Mais cette dernière va se révolter et entrer en conflit. Car l'objet inavoué de toutes ses actions est l'amour de soi — j'agis en dernier ressort pour être aimé, voire pour m'aimer. Et si elle n'y parvient pas, elle préfèrera saboter l'idée même de l'amour — l'amour n'existe pas, personne ne m'aime — plutôt que de s'avouer vaincue.

Parce que l'amour est à la fois une force et un mystère qui lui échappent, la raison en prend ombrage. Et le mariage, cette comédie de l'engagement, est une ultime tentative de ramener les amoureux sous son autorité. Vous vous aimerez sous conditions. Pourtant celui qui aime sait bien que la raison ne sert en rien les sentiments. Si personne ne conteste que la raison puisse être utile, la grande affaire de l'amour est qu'il la rend inutile.

De là parfois ces rires jaunes devant le spectacle d'épanchements amoureux, qui ressemblent plus à des vomissements de la raison découvrant, impuissante, qu'elle n'a plus qu'à rentrer à la maison.

Alors que l'amour s'imagine souvent comme une flamme qui peut se consumer puis s'éteindre, l'esprit, lui, porte fièrement en étendard dans l'imaginaire cette torche qui jamais ne s'évanouira. Bouée de sauvetage éternelle, l'esprit des Lumières s'offre à tous les mal-aimés pour peu qu'ils consentent à quelques règles de grammaire ou d'arithmétique.

En somme, l'amour est une navigation à voile avec la poésie des sentiments quand l'esprit, lui, navigue au moteur des connaissances et de l'expérience. Le moteur dispense de trouver des abris, assure une certaine sécurité, une tranquillité et surtout une forme d'indépendance et de prévisibilité. Il permet d'atteindre un but et d'avoir raison là où le cœur, lui, est sans dessein et se laisse porter par l'onde des vagues sans crainte de devoir un jour se briser sur un récif.

L'être raisonnable casse les vagues quand l'être amoureux les chevauche.

Ainsi l'être humain, aveugle face au destin de sa vie, a pour ainsi dire le choix de ses verres correcteurs : soit il choisit de porter les lentilles convergentes de l'esprit et il peut ancrer son regard sur n'importe quel amer et marcher pas à pas, soit il choisit les lentilles divergentes de l'amour et il étreint d'emblée tout entier l'univers. Deux sentiments de puissance absolue se font face et se détestent : celui du cœur amoureux qui ressent qu'il peut tout embrasser, et celui de l'esprit qui veut tout dominer. Si l'homme d'esprit peut jalouser l'homme amoureux, l'inverse est plutôt rare. L'homme amoureux sent trop bien qu'il a tout. Il est heureux.

Cette partition de l'homme entre l'amour et l'esprit est tellement forte qu'il est amusant de constater qu'elle a imprimé un mouvement de balancier à l'histoire de l'humanité.

Le romantisme succède aux Lumières, quand le progrès et la psychanalyse sonnent ensuite le glas du romantisme. C'est parce que nous en sommes là que l'on peut espérer de notre siècle qu'il offre une nouvelle revanche à l'amour. Dans ce sens, on ne peut que comprendre le « tu es tout pour moi » de Georges Bataille, où « tout » est l'univers. Comme l'écrit joliment Paul

Audi dans son *Pas gagné de l'amour*, « l'amour fait parler l'univers, l'univers trouve sa voix dans l'amour ».

Mais avant d'en appeler au « tu » de la relation amoureuse, il faut bien commencer par le « je », et, pour y voir plus clair, tenter de se souvenir de notre premier « je t'aime ».

L'expression de nos sentiments est aussi importante que les sentiments eux-mêmes, car c'est elle qui convertit l'émotion en énergie. Faute de laisser s'exprimer le feu intérieur, l'amour peut avoir du mal à trouver ses aises.

C'est là qu'il faut revenir à l'image de la flèche décochée pour viser un autre cœur. À la différence du tir à l'arc, où il faut savoir viser juste, la flèche d'amour sait d'elle-même où elle va. Et notre première flèche conditionnera peut-être toutes les autres. Or cette première flèche ne va pas de soi. Elle ne se décrète pas. Certains n'en décocheront jamais. Comme pour les fruits, il y aura des variétés précoces et des variétés tardives.

La variété précoce est le « je t'aime maman », quand le « je t'aime » tardif est le « je t'aime » de l'adolescence. Le premier est un amour inconditionnel qui suppose une fusion des émotions, quand le deuxième est un amour accouché par le désir, qui appelle une fusion des corps. Et la fusion des corps n'est pas grand-chose sans la fusion des émotions.

Ce qui caractérise le « je t'aime » tardif, c'est qu'une première partie de sa vie se construira sans amour, et que l'amour s'invitera ensuite comme un accessoire du désir. Avec cette contrepartie terrifiante que la disparition du désir entrainera de facto la disparition de l'amour : l'amour, annexe du plaisir. Je ne te désire plus donc je ne t'aime plus. Le désir amoureux n'est alors pas mieux traité que le désir de manger. Aimer devient passer à table.

J'ai bien mangé – j'ai bien aimé. Je n'ai plus faim, je ne t'aime plus.

Le « je t'aime » précoce, au contraire, voit le désir comme un accessoire de l'amour.

Le plaisir d'aimer est secondaire à la joie d'aimer.

L'amour qui commence par une sorte de va-et-vient des émotions – je t'aime – tu m'aimes – je ne suis rien sans toi – tu n'es rien sans moi – devient vite une énergie permanente dont les baisers ne seront que les étincelles ; ce courant-là est permanent. Il est la vie. Il est la couleur. Il ne nécessite en rien d'avoir faim, car la faim n'existe plus.

L'amour remplit, l'amour déborde. Je suis amoureux, je n'ai plus faim.

Assez d'esprit. Il est bien tard, je repose mon stylo. Car toute occasion perdue d'aimer est une occasion de mourir.

Je vais aimer.

Table des matières

Loin de Paris

Des livres imaginés, pensés et édités loin de la capitale, des hauts débits et des délires urbains. Des auteurs célèbres, le temps d'un livre buissonnier, pourront y côtoyer de jeunes talents qui y trouveront l'accompagnement nécessaire pour s'affirmer et devenir les plumes de demain. La règle du jeu : évoquer librement et à sa manière, via des romans, des essais et des beaux livres, cette notion d'être « loin de Paris ».
Des ouvrages d'emblée identifiables avec une forte identité graphique, où dès la couverture se (re)trouve, l'œil de Jean-Marie Périer et sa signature visuelle, comme déjà une promesse.

Déjà parus

— Jean-Marie Périer, *1960-1970*, 2019
— Bertrand Vergely, *Le Rêve perdu de la sagesse grecque*, 2020
— Jacques Porel, *Réjane ou la Belle Époque*, 2020
— Faïck Denis, *L'Amour cette étrange liberté*, 2020

www.editions-privat.com

@editionsprivat1839

@editions_privat

Cet ouvrage *Loin de Paris* a été réalisé par les Éditions Privat.

Suivi éditorial : Marion Escudé
Correction : Julie Merlo
Couverture : Siobhan Royer
Maquette intérieure : Maxime Castagnac
Photogravure de la couverture : Ombre & Lumière

Cet ouvrage a été achevé d'imprimer en janvier 2023 « loin de Paris »,
sur les presses de l'imprimerie Escourbiac, à Graulhet, France.